바빠 초등

영어 리딩 1

이지스에듀

지은이 | 3E 영어 연구소, 김현숙

3E 영어 연구소는 Effective Educational Experiences의 약자로, 단순히 지식을 전달하는 것에 그치지 않고, 학습자가 지식을 흡수하는 과정까지 고려해 가장 효율적인 영어 학습 경험을 제공하기 위해 연구하는 이지스에듀 부설 연구소이다.

김현숙 선생님은 영어교육 석사 학위를 받고, 캐나다에서 TEFL 과정, 미국에서 TESOL 과정을 수료한 후, 10여 년 동안 NE능률과 동아출판사에서 영어 교재를 기획, 개발한 영어 학습 전문가이다. 리스닝튜터, 1316 독해, 리딩엑스퍼트, 빠른 독해 바른 독해 등 같은 초·중등 교재뿐 아니라, 고등 영어 교과서 개발에도 참여해, 최근 입시 영어 경항까지 잘 이해하고 있다.

현재는 초등학생을 위한 파닉스, 독해, 문법 강의를 하고 있고, 그동안의 영어 교재 개발과 강의 경험을 집대성해 이지스에듀에서 《바빠 초등 영어 리딩》 시리즈를 집필하였다.

감수 | Michael A. Putlack

미국의 명문 대학인 Tufts University에서 역사학 석사 학위를 받은 뒤 우리나라의 동양미래대학에서 20년 넘게 한국 학생들을 가르쳤다. 폭넓은 교육 경험을 기반으로 《미국 교과서 읽는 리딩》 같은 어린이 영어 교재를 집필했을 뿐만 아니라 《영어동화 100편》 시리즈, 《7살 첫 영어 - 파닉스》, 《바빠 초등 필수 영단어》, 《바빠 초등 영어 일기 쓰기》 등의 영어 교재 감수에 참여해 오고 있다.

혼자서도 막힘없이 술술 읽히는 쉽고 즐거운 리딩!

바빠 초등 영어 리딩 1 - Words 50

초판 1쇄 발행 2024년 7월 19일
초판 2쇄 발행 2024년 10월 30일
지은이 3E 영어 연구소, 김현숙   원어민 감수 Michael A. Putlack (마이클 A. 푸틀랙)
발행인 이지연
펴낸곳 이지스퍼블리싱(주)
출판사 등록번호 제313-2010-123호
주소 서울시 마포구 잔다리로 109 이지스 빌딩 5층(우편번호 04003)
대표전화 02-325-1722   팩스 02-326-1723
이지스퍼블리싱 홈페이지 www.easyspub.com   이지스에듀 카페 www.easysedu.co.kr
바빠 아지트 블로그 blog.naver.com/easyspub   인스타그램 @easys_edu
페이스북 www.facebook.com/easyspub2014   이메일 service@easyspub.co.kr

본부장 조은미   기획 및 책임 편집 이지혜 | 정지연, 박지연, 김현주   표지 및 내지 디자인 손한나, 김용남   조판 김민균
일러스트 김학수, Sutterstock   인쇄 보광문화사   독자 지원 박애림, 김수경
영업 및 문의 이주동, 김요한(support@easyspub.co.kr)   마케팅 라혜주

ISBN 979-11-6303-621-0
ISBN 979-11-6303-620-3(세트)
가격 14,000원

• **이지스에듀**는 이지스퍼블리싱(주)의 교육 브랜드입니다.
(이지스에듀는 학생들을 탈락시키지 않고 모두 목적지까지 데려가는 책을 만듭니다!)

펑펑 쏟아져야 눈이 쌓이듯,
공부도 집중해야 실력이 쌓인다.

영어 전문 명강사들이 적극 추천하는
'바빠 초등 영어 리딩'

리딩이 막막한 아이들에게 강력 추천!

아이들이 처음 독해를 시작할 때, 어휘와 기본 문법을 배웠더라도 막상 영어 지문을 읽으려면 막막함을 느낍니다. '바빠 초등 영어 리딩'은 그런 아이들이 수월하게 지문을 읽을 수 있도록 이끌어줍니다. 핵심 어휘로 어떻게 접근해야 지문을 더 빠르고 쉽게 해석할 수 있는지 독해를 위한 준비 과정과 접근법을 보기 쉽게 단 2장으로 정리해 놓은 최고의 교재입니다.

이은지 선생님
(주)탑클래스에듀아이 영어 강사

재미와 학습 효과, 모두 잡은 리딩 교재!

'바빠 초등 영어 리딩'은 아이들이 흥미를 가질만한 내용의 짧은 글을 통해 초등학생이 꼭 알아야 하는 필수 영어 단어와 문장을 학습할 수 있습니다. 핵심 단어를 먼저 학습한 후, 글을 읽기 때문에 더욱 쉽고 재미있게 읽을 수 있고, 문제 풀이와 끊어 읽기 연습을 통해 이해력을 높이는 동시에 영어 읽기 실력을 효과적으로 향상시킬 수 있습니다.

어션 선생님
기초 영어 강사, '어션영어 BasicEnglish' 유튜브 운영자

영어 독해 실력을 효율적으로 키워주는 책!

많은 글을 읽는 것도 도움되지만 너무 바빠서 시간도 에너지도 부족한 요즘 아이들을 위해, '바빠 초등 영어 리딩'은 초등 교과서 필수 단어를 지문 읽기 전에 미리 익히고 바로 써먹는 효율적인 공부법을 제시합니다. 또한 끊어 읽기와 직독 직해를 연습을 통해 영어의 느낌 그대로 읽으면서 읽기 속도도 더욱 빨라지게 됩니다.

클레어 선생님
바빠 영어쌤, 초등학교 방과 후 영어 강사

복습까지 탄탄한 교재!

리딩을 공부할 때 많은 단어와 문장을 만나게 되지만 실제로 완벽하게 소화할 수 있는 일은 드뭅니다. 하지만 '바빠 초등 영어 리딩'은 복습까지 세심하게 구성되어 있네요. Word Review와 받아쓰기를 하다 보면 핵심 단어와 문법이 저절로 반복되어 기억에 오래 남게 됩니다.

유혜빈 선생님
서울 윌링어학원 영어 강사

초등 필수 영단어와 학교 문법으로 시작하니
혼자서도 막힘없이 술술 읽을 수 있어요!

리딩을 "감"으로? 이제 정확하게 읽어야 할 때!

유아, 초등 저학년 시기에는 동화나 이야기책을 주로 상상하며 읽기 때문에 영어 리딩을 감으로 해도 괜찮습니다. 하지만 초등 고학년이 되어 학교 시험과 수능까지 대비하려면, 감으로 읽는 습관은 버려야 합니다. 시험에서는 정보와 지식이 풍성한 긴 지문을 정확하게 읽고, 정해진 시간 안에 문제까지 풀어내야 하기 때문이죠.

영어 시험에서 고득점을 바란다면 이제는 감이 아닌 단어와 문법을 근거로 삼는 리딩 습관을 만들어야 합니다. <바빠 초등 영어 리딩>은 초등 필수 영단어와 문법을 리딩의 징검다리로 삼아, 한 개의 문장을 읽더라도 정확하게 읽는 리딩 실력을 키워 주는 교재입니다.

리딩이 쉬워지는 첫 번째 징검다리, 단어! 바로 배우고, 바로 소화해요!

리딩을 하려면 먼저 영단어를 알아야 합니다. 이 책은 초등학교 영어 교과서를 분석해 반드시 알아야 하는 필수 영단어를 수록했습니다. 유닛마다 새로운 핵심 단어 10개씩 익히고, 방금 익힌 단어를 바로 다음 페이지에 나오는 지문 속에서 발견하도록 설계해, 누구나 답답하지 않게 리딩을 시작할 수 있습니다.

리딩이 쉬워지는 두 번째 징검다리, 문법! 학교 문법 수준이면 문장이 읽혀요!

문법을 알면 문장을 정확히 읽는 데 도움이 됩니다. 이 책에 나오는 문장은 초등학교 영어 교과서 수준의 문법을 적용해 구성했습니다. 초등 과정에서는 다루지 않는 to부정사, 가정법, 관계대명사, 현재완료, 수동태 등이 섞인 문장은 과감하게 배제해, 학교 수업만 들은 친구들도 문장을 어렵지 않게 읽어 낼 수 있습니다. 또 You should, They can 같은 문형만 봐도 중심 문장을 바로 파악하는 훈련을 할 수 있어 효과적입니다.

리딩 스킬이 저절로 길러지는 끊어 읽기!

우리말 어순으로 바꿔 읽는 습관은 리딩 실력을 키우는 데에 방해가 됩니다. 영어는 문장 속 단어를 의미 단위로 끊고 직독직해를 해야 해석도 빠르고 영어식 이해력도 길러집니다.

이 책에서는 Chunk 코너를 통해 영어 어순에 맞게 문장을 읽는 직독직해를 연습합니다. 단어 덩어리 단위의 문법적 쓰임이 파악되면서 문장을 더 많이 이해하게 될 거예요.

자석처럼 마음을 끌어당기는 흥미진진한 비문학 지문들

아무리 좋은 내용이라도 재미있어야 지문을 읽고 싶은 마음이 생깁니다. 이 책에는 자석처럼 마음을 끌어당기는 흥미로운 이야기들이 가득합니다. 그중에서도 초등 고학년이 앞으로 많이 보게 될 정보와 지식이 풍부한 비문학과 친해지도록 교과서 연계 주제, 바빠 국어 독해 지문, 학교 공부에 필요한 배경지식 등의 지문을 골라 담았습니다.

또한 문제만 풀어도 저절로 지문이 파악되는 3단 문제 구성(중심 내용 — 세부 내용 — 서술형 대비)을 준비했습니다. 〈바빠 초등 영어 리딩〉 시리즈의 흥미진진한 지문으로 조금 더 즐겁게 비문학 리딩을 시작해 보세요.

망각이 일어나기 전에 진짜 내 실력으로 만들어 주는 똑똑한 복습 설계

독일 출신 심리학자인 에빙하우스의 망각 이론에 따르면, 방금 본 단어도 외운 지 10분 후부터 망각이 일어나서 1일 후에는 70% 이상이 사라진다고 합니다. 모든 공부는 한 번에 이뤄지지 않습니다. 탄탄한 리딩 습관을 키우기 위해서는 꼭 복습이 이뤄져야 합니다. 이 책에서는 앞에서 배운 지문의 내용이 자신도 모르게 여러 차례 복습이 이루어지도록 설계했습니다. 본 교재 학습이 끝난 후 Word Review와 받아쓰기까지 끝내고 나면, 많은 단어와 문장이 저절로 장기기억으로 넘어가 오래 기억할 수 있을 거예요!

초등 필수 영단어와 학교 문법으로 시작하는 즐거운 리딩! 매일 2장, 16일이면 완성되는 〈바빠 초등 영어 리딩〉으로 시험에도 대비할 수 있는 진짜 리딩 실력을 키워 보세요.

TIP
'오늘부터 한 달 동안 이 책 한 권을 다 풀 거야!'라고
공개적으로 약속하면 끝까지 풀 확률이 높아진대요!
결심과 함께 책 사진을 찍어
친구나 부모님께 공유해 보세요!

오늘부터 리딩을 시작할 거야!

우아!

1단계 핵심 단어 공부하기

각 단어를 원어민 음성으로 3회씩 듣고 따라 말하면서 단어를 익혀요. 최소 2~3번 이상 반복하고 아래의 문제도 풀어요.

핵심 필수 단어 10개를 먼저 학습해요!

✓favorite	□snack	□sweet	□tasty	□careful
가장 좋아하는	간식	달콤한	맛있는	조심하는
□dangerous	□throw up	□stomach	□pain	□poison
위험한	구토하다	배, 위	고통	독

2단계 지문 읽기

교과서 주제에서 뽑은 이야기, 바빠 국어 독해 지문, 학교 공부에 필요한 다양한 배경지식 등 흥미진진한 지문을 읽어요.

지문 속에 숨은 문법까지 확인해요!

* dog이 아니라 dogs인 이유는 뭘까?

하나의 개(dog)만 그런 게 아니고, 개 전체(dogs)를 가리키기 때문에 dog이라고 안 쓰고 dogs라고 썼어요.

Quiz
밑줄 친 <u>it</u>이 가리키는 것은 (snack | chocolate | poison) 이다.

3단계 문제로 확인하기

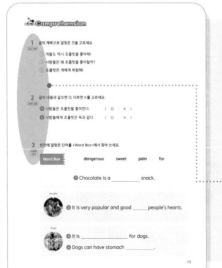

중심 내용, 세부 내용, 서술형 대비, 총 3단계로 지문을 체계적으로 파악해요. 문제를 풀다 보면 내용이 더 깊게 이해될 거예요.

1 중심 내용

2 세부 내용

3 서술형 대비

문제를 풀다 보면 지문이 더 많이 이해돼요!

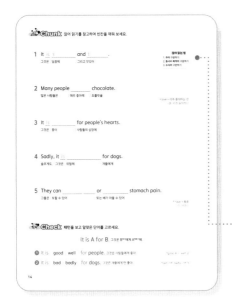

4단계 끊어 읽기 연습하기

끊어 읽기를 통해 직독직해를 연습해요. 주어와 동사뿐만 아니라 목적어, 보어 등 문법적 쓰임이 파악되면서 문장을 더 많이 이해하게 될 거예요.

영어식 어순으로 읽어요!

1 It is s_____ and t_____.

그것은 / 달콤해 / 그리고 맛있어

끊어 읽는 법
1. 주어 구분하기
2. 동사와 목적어 구분하기
3. 수식어 구분하기

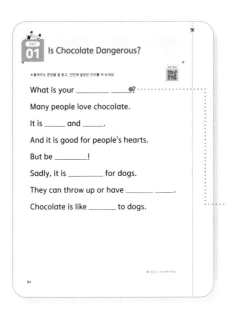

5단계 받아쓰기로 마무리하기

본문 학습이 끝난 후에, 한 시간 안에 받아쓰기로 복습해요. 음원을 들으며 빈칸을 채우다 보면 오늘의 공부가 완벽하게 끝날 거예요.

*들려주는 문장을 잘 듣고, 빈칸에 알맞은 단어를 써 보세요.

What is your _____ _____?

빈칸을 채우다 보면 저절로 복습이 돼요!

원어민의 발음을 꼭 듣자!

QR코드를 이용해 단어와 지문을 여러 번 듣고 따라 하세요.
스마트폰에 QR코드 앱이 설치되어 있어야 합니다.
'바빠 공부단 카페'에서 MP3를 다운로드할 수도 있습니다.

🎧 **원어민 발음 음원 다운로드**

'바빠 공부단 카페'의 바빠 자료실에서
〈바빠 초등 영어 리딩〉을 검색하세요!

바빠 공부단 카페 www.easysedu.co.kr

| 바빠 공부단 | 검색 |

Contents

바빠 초등 영어 리딩 1 - Words 50

바빠 초등 영어 리딩 시리즈

<바빠 초등 영어 리딩 시리즈>는 단어의 수로 난이도를 수준을 나누어 총 3권으로 구성했습니다!
단어가 많을수록 난도가 올라가기 때문에 점차 실력이 쌓이는 것을 느낄 수 있을 거예요.

	바빠 초등 영어 리딩 1	바빠 초등 영어 리딩 2	바빠 초등 영어 리딩 3
교재	바빠 초등 영어 리딩 1 English Reading Words 50	바빠 초등 영어 리딩 2 English Reading Words 60	바빠 초등 영어 리딩 3 English Reading Words 70
단계	권장 시간: 2분 정도 지문 길이: 50단어 내외 단어 난이도: ★★☆☆☆ 내용 난이도: ★★☆☆☆	권장 시간: 2분 정도 지문 길이: 60단어 내외 단어 난이도: ★★★☆☆ 내용 난이도: ★★☆☆☆	권장 시간: 2분 정도 지문 길이: 70단어 내외 단어 난이도: ★★★☆☆ 내용 난이도: ★★★☆☆
추천 학습 대상	[영어 학습 2년 차] - 파닉스/사이트워드 완료 - 파닉스리딩 완료 - 3,4학년 영단어와 영문법 　병행 학습 추천	[영어 학습 2년 차 이상] - 3,4학년 영단어와 영문법 완료 - 단어 학습 추가 진행 추천	[영어 학습 3년 차] - 5,6학년 영단어와 영문법 　병행 학습 추천

PART 01 Food & Health

Is Chocolate Dangerous?

초콜릿이 위험하다고?

Word 단어를 익히고, 빈칸에 알맞게 써 보세요.

단어 음원

☑ favorite	☐ snack	☐ sweet	☐ tasty	☐ careful
가장 좋아하는	간식	달콤한	맛있는	조심하는

☐ dangerous	☐ throw up	☐ stomach	☐ pain	☐ poison
위험한	구토하다	배, 위	고통	독

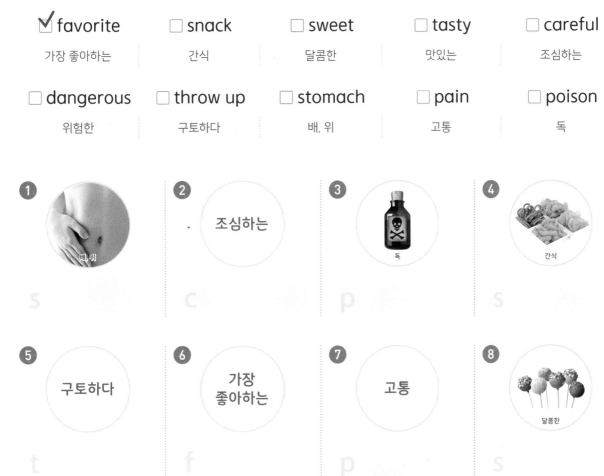

1. [배, 위] s
2. 조심하는 c
3. [독] p
4. [간식] s
5. 구토하다 t
6. 가장 좋아하는 f
7. 고통 p
8. [달콤한] s

Sentence 알맞은 단어를 넣어 문장을 완성해 보세요.

1. [위험한]

It is _____ .

이것은 위험해.   be동사(~이다) + 형용사(~한): ~해

2. [맛있는]

It is _____ .

이것은 맛있어.   형용사 위치를 잘 기억하세요!

11

What is your **favorite snack**?

Many people love chocolate.

It is **sweet** and **tasty**.

And it is good for

people's hearts.

But be **careful**!

Sadly, it is **dangerous** for dogs.

They can **throw up** or have **stomach pain**.

Chocolate is like **poison** to dogs*.

people 사람들
heart 심장
sadly 슬프게도

* dog이 아니라 dogs인 이유는 뭘까?
하나의 개(dog)만 그런 게 아니고, 개 전체(dogs)를 가리키기 때문에 dog이라고 안 쓰고 dogs라고 썼어요.

Quiz

밑줄 친 it이 가리키는 것은 (snack | chocolate | poison) 이다.

정답 chocolate

Comprehension

1 글의 제목으로 알맞은 것을 고르세요.

중심 내용

① 개들도 역시 초콜릿을 좋아해!

② 사람들은 왜 초콜릿을 좋아할까?

③ 초콜릿은 개에게 위험해!

2 글의 내용과 같으면 ○, 다르면 ✕를 고르세요.

세부 내용

ⓐ 사람들은 초콜릿을 좋아한다.   (○ | ✕)

ⓑ 사람들에게 초콜릿은 독과 같다.   (○ | ✕)

3 빈칸에 알맞은 단어를 <Word Box>에서 찾아 쓰세요.

서술형 대비

| Word Box | dangerous | sweet | pain | for |

❶ Chocolate is a _____ snack.

people

❷ It is very popular and good _____ people's hearts.

dogs

❸ It is _____ for dogs.

❹ Dogs can have stomach _____.

13

1 It is s_____ and t_____.

그것은 / 달콤해 / 그리고 맛있어

2 Many people _____ chocolate.

많은 사람들은 / 매우 좋아해 / 초콜릿을

* love + 아주 좋아하는 것
: ~을 아주 좋아하다

3 It is _____ for people's hearts.

그것은 / 좋아 / 사람들의 심장에

4 Sadly, it is _____ for dogs.

슬프게도, / 그것은 / 위험해 / 개들에게

5 They can _____ ____ or _____ stomach pain.

그들은 / 토할 수 있어 / 또는 배가 아플 수 있어

* have + 통증
: ~이 아프다

Check 패턴을 보고 알맞은 단어를 고르세요.

It is A for B. 그것은 B^{명사}에게 A^{형용사}해.

❶ It is (good | well) for people. 그것은 사람들에게 좋아.   *good 좋은 well 잘

❷ It is (bad | badly) for dogs. 그것은 개들에게 안 좋아.   *bad 나쁜 badly 나쁘게

The Secrets to Growing Tall

키 크는 비법들

Word 단어를 익히고, 빈칸에 알맞게 써 보세요.

□ grow	□ eat	□ yolk	□ habit	□ sunlight
자라다	먹다	노른자	습관	햇빛

□ strong	□ exercise	□ swimming	□ jogging	□ wait
강한, 튼튼한	운동, 운동하다	수영	조깅	기다리다

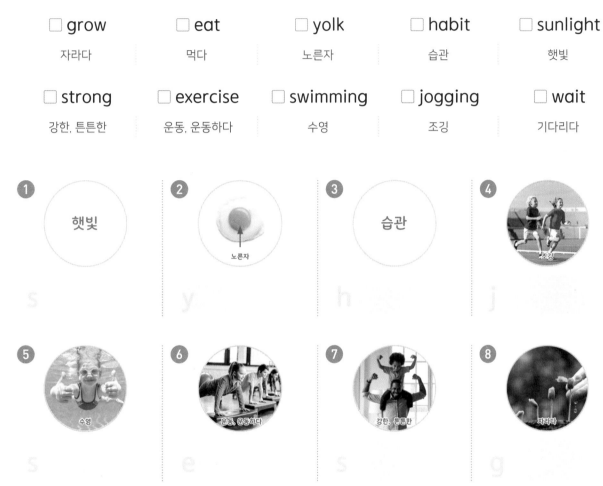

1 햇빛   s

2 노른자   y

3 습관   h

4 조깅   j

5 수영   s

6 운동, 운동하다   e

7 강한, 튼튼한   s

8 자라다   g

Sentence 알맞은 단어를 넣어 문장을 완성해 보세요.

1 먹다

_____ well.

잘 먹어라.   명령문은 동사를 맨 앞에 써요!

2 기다리다

_____ !

기다려!

Let me tell you the secrets to **growing** tall.

First, **eat** well.

Eat egg **yolks** and fish.

<u>They</u> have a lot of calcium

and protein.

Second, have good **habits**.

Play outside and get some **sunlight**.

Your bones will become **strong**.

Third, do some **exercise**.

Swimming and **jogging** are great **exercises**.

Wait! There is one more thing.

Get some good sleep!

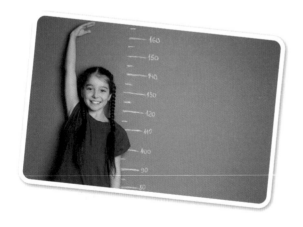

secret 비법, 비밀
first 첫째
a lot of 많은
calcium 칼슘
protein 단백질
second 둘째
outside 바깥에(서)
bone 뼈
third 셋째

Quiz

밑줄 친 <u>They</u>가 가리키는 것은 (egg yolks and fish │ calcium and protein) 이다.

정답 egg yolks and fish

Comprehension

1 글의 제목으로 알맞은 것을 고르세요.

중심내용

① 키가 쑥쑥 크는 비법

② 운동이 키 크는 데 도움이 되는 이유

③ 키 크는 데 도움이 되는 음식

2 키 크는 데 도움이 되는 음식이 <u>아닌</u> 것을 고르세요.

세부내용

① egg yolks

② chocolate

③ fish

3 빈칸에 알맞은 단어를 <Word Box>에서 찾아 쓰세요.

서술형
대비

Word Box   habits   exercise   Eat   sleep

How to Grow Tall!

❶ _____ well.

❷ Have good _____.

❸ Do some _____.

❹ Get some good _____.

Chunk 끊어 읽기를 참고하여 빈칸을 채워 보세요.

1 First, e_____ well.
첫째, / 먹어 / 잘

끊어 읽는 법
1. 주어 구분하기
2. 동사와 목적어 구분하기
3. 수식어 구분하기

2 _____, have good habits.
둘째, / 가져 / 좋은 습관들을

* have + 목적어
: ~을 가지다

3 _____ outside and get some _____.
놀아 / 밖에서 / 그리고 쬐 / 약간의 햇빛을

* A and B
: A 그리고 B

4 Your bones will _____ strong.
네 뼈들은 / 튼튼해질 거야

* become + 형용사
: ~ 해지다

5 _____, do some exercise.
셋째, / 해 / 약간의 운동을

* do + 목적어
: ~을 하다

Check 패턴을 보고 알맞은 단어를 고르세요.

(You) 동사원형. (너) ~해.

1 (Do | Does) some exercise. 운동 좀 해.

2 (Have | Has) good habits for your health. 네 건강을 위해 좋은 습관들을 가져.

Laughter Is the Best Doctor!

웃음은 최고의 의사!

Word 단어를 익히고, 빈칸에 알맞게 써 보세요.

단어 음원

☐ laugh	☐ time	☐ adult	☐ body	☐ mind
웃다	때, 번	어른	몸	마음, 정신

☐ feel	☐ happy	☐ more	☐ cost	☐ anything
느끼다	행복한	더 (많이)	(비용이) 들다	무엇, 아무것

1 때, 번

t

2  마음, 정신

m

3 행복한

h

4  몸

b

5  어른

a

6  더 (많이)

m

7 무엇, 아무것

a

8  (비용이) 들다

c

Sentence 알맞은 단어를 넣어 문장을 완성해 보세요.

1  느끼다

I _____ so happy today.

나는 오늘 정말 행복해(느껴).

2  웃다

▶ Do kids _____ a lot?

아이들은 많이 웃어?

일반동사 의문문은 Do나 Does를 주어 앞에 써요!

19

Do you **laugh** a lot?

Kids **laugh** about 400 **times** a day.

But **adults laugh** only about 8 **times** a day.

Laughing* is good for your **body**.

Your heart gets _____.

Laughing is also good for your **mind**.

You **feel happy**.

So everybody, **laugh more** and **more**.

It doesn't **cost anything**!

kid 아이, 어린이
about 약, 대략
be good for ~에 좋다

＊laugh가 아니라 laughing을 쓴 이유는 뭘까?
주어 자리라서 명사 laughing(웃음, 웃는 것)을 썼어요. laugh(웃다)는 동사라서 주어 자리에 쓸 수 없어요.

Quiz
밑줄에 들어갈 단어는 (strong | tasty | careful) 이다.

정답 strong

Comprehension

1 글쓴이의 주장으로 알맞은 것을 고르세요.

중심 내용

① 어른들이 왜 적게 웃는지 이해해 줘요!

② 몸과 마음에 좋은 웃음! 모두 많이 웃어요!

③ 웃음 치료는 전혀 효과가 없어요!

2 글의 내용과 같으면 O, 다르면 X를 고르세요.

세부 내용

ⓐ 어른은 하루에 약 400번 웃는다.   (O | X)

ⓑ 웃음은 몸에 좋지 않다.   (O | X)

3 빈칸에 알맞은 단어를 <Word Box>에서 찾아 쓰세요.

서술형 대비

| Word Box | mind   Laughing   adults   laugh |

About Laughing

❶ Kids _____ a lot more than _____.

❷ _____ is good for your body and _____.

Everybody! Laugh! Laugh! Laugh more!

1 Do you |_____ a lot?

너는 / 웃니 / 많이

2 Adults _____ only about 8 times a day.

어른들은 / 웃어 / 하루에 8번 정도만

*숫자 + times a day
: 하루에 ~번

3 Laughing ___ _____ for your body.

웃음은 / 좋아 / 너의 몸에

* be good for
: ~에 좋다

4 Your heart gets _____.

너의 심장은 / 튼튼해져

* get + 형용사
: ~해지다

5 _____ is also good for your mind.

웃음은 / 또한 좋아 / 너의 마음에

Check 패턴을 보고 알맞은 단어를 고르세요.

> **Do you[I, they, we, 복수주어] ~? / Does she[he, it, 단수주어] ~?**
> 너는[나는, 그들은, 우리는] ~하니?   그녀는[그는, 그것은] ~하니?

❶ (Do | Does) you laugh a lot? 너는 많이 웃니?

❷ (Do | Does) he laugh a lot? 그는 많이 웃니?

Babies Have More Bones!

아기들은 뼈를 더 많이 가지고 있어!

단어 음원

Word 단어를 익히고, 빈칸에 알맞게 써 보세요.

☐ same · 같은
☐ number · 수, 개수
☐ bone · 뼈
☐ join · 합쳐지다
☐ together · 같이

☐ grown-up · 어른
☐ age · 나이
☐ stop · 멈추다
☐ year · 년, 해
☐ earlier · 더 일찍

1 년, 해
y

2 같이
t

3 1234 5678 90 · 수, 개수
n

4 나이
a

5 합쳐지다
j

6 같은
s

7 더 일찍
e

8 멈추다
s

Sentence 알맞은 단어를 넣어 문장을 완성해 보세요.

1
어른

▶ _____ s usually have about 200 bones.

어른들은 보통 약 200개의 뼈를 가지고 있어.

adults와 같은 의미의 단어

2
뼈

Babies don't have all of their _____ s forever.

아기들이 모든 **뼈**들을 영원히 가지고 있지는 않아.

23

Do babies* and adults have the **same number** of **bones**?

Babies have about 800 **bones**.

But they do not have <u>them</u> forever.

Some small **bones join together**.

So **grown-ups** usually have 206 **bones**.

Boys' **bones** don't usually grow after the **age** of 18.

Girls' **bones** usually **stop** about a **year** or two **earlier**.

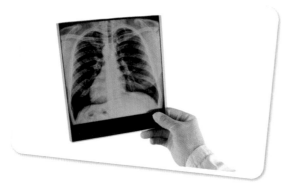

about 약, 대략
forever 영원히
usually 보통, 대개

＊**baby의 복수형이 babies인 이유는 뭘까?**

baby처럼 '자음 + y'로 끝나는 단어의 복수형은 y를 i로 고친 후에 es를 붙여요. 그래서 babys가 아니라 babies로 써요.

Quiz

밑줄 친 <u>them</u>이 가리키는 것은 (babies ｜ about 800 bones) 이다.

정답 about 800 bones

Comprehension

1 글의 주제로 알맞은 것을 고르세요.

중심 내용

① 아기들 뼈의 모양과 개수

② 어른들이 뼈가 약해지는 이유

③ 성장하면서 달라지는 뼈의 개수

2 글의 내용과 같으면 O, 다르면 ✕를 고르세요.

세부 내용

ⓐ 아기들과 어른들이 가지고 있는 뼈의 개수는 같다.   (O | ✕)

ⓑ 여자아이들은 보통 18세 이후에도 뼈가 자란다.   (O | ✕)

3 빈칸에 알맞은 단어를 <Word Box>에서 찾아 쓰세요.

서술형 대비

Word Box   same   grow   join   grown-ups

❶ Babies and _____ don't have

the _____ number of bones.

babies

❷ Babies have about 800 bones.

❸ Some small bones will _____ together.

adults

❹ Adults have about 200 bones.

❺ After the age of 18, bones don't usually _____.

1 Babies _____ about 800 bones.

아기들은 / 가지고 있어 / 약 800개의 뼈를

2 Grown-ups u_____ have 206 bones.

어른들은 / 보통 가지고 있어 / 206개의 뼈를

3 But they _____ _____ _____ them forever.

하지만 / 그들이 / 가지고 있지는 않아 / 그것들을 / 영원히

4 Boys' bones _____ usually _____ after the age of 18.

남자아이들의 뼈는 / 보통 자라지 않아 / 18살 이후에

* do not = don't
: ~하지 않다

5 Girls' bones _____ _____ a year or two earlier.

여자아이들의 뼈는 / 보통 멈춰 / 1년 또는 2년 더 일찍

<빈도부사 종류>
· always 항상   · sometimes 가끔
· often 종종   · hardly 거의 없는
· usually 보통   · never 절대 없는

Check 패턴을 보고 알맞은 단어를 고르세요.

빈도부사 + 일반동사 항상/종종/보통/가끔/거의 없는/절대 없는 ~해

❶ He (usually wakes up | wake up usually) at six. 그는 보통 6시에 잠에서 깨.

❷ She (usually goes | goes usually) to school by bus. 그녀는 보통 버스 타고 학교에 가.

Word Review

빈칸에 단어의 뜻을 써 보세요.

Unit 01

1	favorite	
2	snack	
3	sweet	
4	tasty	
5	careful	
6	dangerous	
7	throw up	
8	stomach	
9	pain	
10	poison	

Unit 02

1	grow	
2	eat	
3	yolk	
4	habit	
5	sunlight	
6	strong	
7	exercise	
8	swimming	
9	jogging	
10	wait	

Unit 03

1	laugh	
2	time	
3	adult	
4	body	
5	mind	
6	feel	
7	happy	
8	more	
9	cost	
10	anything	

Unit 04

1	same	
2	number	
3	bone	
4	join	
5	together	
6	grown-up	
7	age	
8	stop	
9	year	
10	earlier	

▶ 정답은 p11, p15, p19, p23를 참고하세요.

PART 02 Animals & Nature

Is It Not a White Bear?

휜곰이 아니라고?

 Word 단어를 익히고, 빈칸에 알맞게 써 보세요.

단어 음원

☐ polar bear	☐ Arctic	☐ white	☐ nickname	☐ fur
북극곰	북극	흰색의	별명	털

☐ skin	☐ black	☐ nose	☐ lip	☐ foot
피부	검은색의	코	입술	발(복수형은 feet)

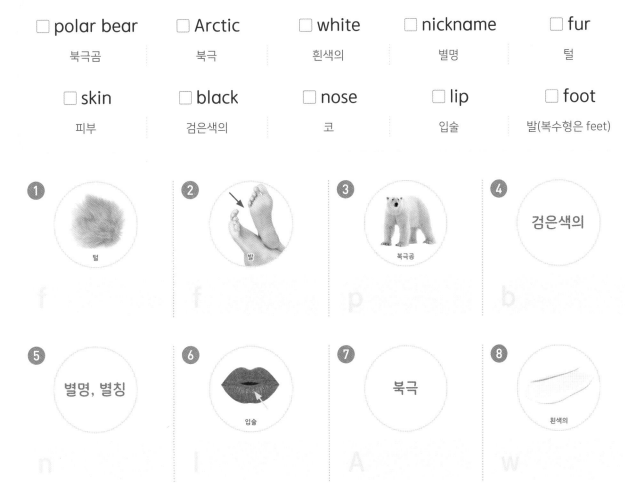

❶ 털 — f

❷ 발 — f

❸ 북극곰 — p

❹ 검은색의 — b

❺ 별명, 별칭 — n

❻ 입술 — l

❼ 북극 — A

❽ 흰색의 — w

 Sentence 알맞은 단어를 넣어 문장을 완성해 보세요.

❶ 코

Look at its _____ .

그것의 코를 봐!

its, his, her, their + 명사

❷ 피부

His _____ is black.

그의 피부는 검은색이야.

29

Polar bears live in the **Arctic**.

They are big and **white**.

And they have a **nickname**:*

white bears.

But their **fur** isn't really **white**!

It looks **white** because of the sunlight.

Then what about their **skin**?

It is actually **black**!

There is no **fur** on their **nose**, **lips**, and the

bottoms of their **feet**.

So they are **black**!

really 정말로, 실제로
because of ~ 때문에
actually 실제로, 사실은
bottom 바닥

＊콜론(:)이 쓰인 이유는 뭘까?
앞의 문장에 대해 구체적인 항목을 나열할 때 콜론(:)을 써요.

Quiz
밑줄 친 It이 가리키는 것은 (sunlight | polar bear's skin) 이다.

정답 polar bear's skin

Comprehension

1 글의 주제로 알맞은 것을 고르세요.

중심내용

① 북극곰의 신체 구조

② 북극곰이 사는 곳

③ 북극곰 색의 비밀

2 북극곰에 관해 설명되지 <u>않은</u> 것을 고르세요.

세부내용

① 북극곰이 사는 곳

② 북극곰의 먹이

③ 북극곰의 피부색

3 빈칸에 알맞은 단어를 \<Word Box\>에서 찾아 쓰세요.

서술형
대비

Word Box	black	fur	sunlight	feet

❶ Look at their _____.

❷ It looks white because of the _____.

❸ Look at their nose, lips, and the bottoms of their

_____.

❹ They are _____.

1 Polar bears | _____ in the Arctic.

북극곰은 / 살아 / 북극에서

2 They _____ a nickname: white bears.

그들은 / 가지고 있어 / 별명을 / 흰곰이라는

* have + 목적어
: ~을 가지다

3 But their fur _____ really _____!

하지만 / 그들의 털은 / 정말 하얗지 않아

* is not = isn't
: ~아니다

4 It _____ _____ because of the sunlight.

그것은 / 하얗게 보여 / 햇빛 때문에

* look + 형용사
: ~하게 보이다

5 Then what about _____ skin?

그렇다면 / 어때 / 그들의 피부는

* What about ~?
: ~은 어때?

<인칭대명사 소유격의 종류>
· my 나의   · his 그의   · its 그것의
· your 너의   · their 그들의
· her 그녀의   · our 우리의

Check 패턴을 보고 알맞은 단어를 고르세요.

인칭대명사 소유격 + A(명사) 나의/너의/그녀의/그의/그들의/우리의/그것의 A

① (It | Its) feet are black. 그것의 발들은 검은색이야.

② (They | Their) nickname is white bears. 그들의 별명은 흰곰들이야.

Dinosaurs' Journey to the Museum

박물관까지 공룡들의 여정

Word 단어를 익히고, 빈칸에 알맞게 써 보세요.

단어 음원

☐ dinosaur	☐ fossil	☐ heavy	☐ scientist	☐ truck
공룡	화석	무거운	과학자	트럭
☐ helicopter	☐ study	☐ shape	☐ environment	☐ research
헬리콥터	공부하다, 연구하다	모양, 형태	환경	조사, 연구

1 공룡
2 과학자
3 헬리콥터
4 환경

d   s   h   e

5 조사, 연구
6 화석
7 트럭
8 무거운

r   f   t   h

Sentence 알맞은 단어를 넣어 문장을 완성해 보세요.

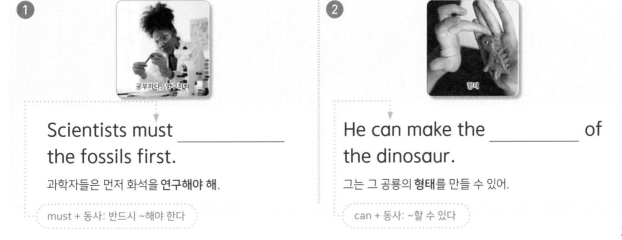

1 공부하다, 연구하다

Scientists must _____ the fossils first.

과학자들은 먼저 화석을 **연구해야** 해.

must + 동사: 반드시 ~해야 한다

2 형태

He can make the _____ of the dinosaur.

그는 그 공룡의 **형태**를 만들 수 있어.

can + 동사: ~할 수 있다

33

Dinosaur fossils are very big and **heavy**.

So **scientists** should use big **trucks** or **helicopters**.

<u>They</u> must **study** the **fossils** and put the bones together.

Then, they can make the **shape** of the **dinosaur**.

It usually takes more than 3 years!

Scientists sometimes find out the **dinosaur**'s skin color and its **environment**.

This **research** takes extra time.

should ~해야 한다
must (반드시) ~해야 한다
put together 합치다, 조립하다
take (시간이) 걸리다
find out 알아내다
color 색
extra 추가의

Quiz
밑줄 친 <u>They</u>가 가리키는 것은 (scientists | big trucks or helicopters) 이다.

정답 scientists

Comprehension

1 글의 주제로 알맞은 것을 고르세요.

중심 내용

① 공룡 화석 발굴시 주의할 점

② 공룡 화석 연구가 필요한 이유

③ 공룡 화석을 복원하는 과정

2 글의 내용과 같으면 O, 다르면 ✕를 고르세요.

세부 내용

ⓐ 공룡 화석은 크고 무거워.　　　　　　　(O ｜ ✕)

ⓑ 공룡 화석 연구는 보통 1년 정도 걸려.　(O ｜ ✕)

3 빈칸에 알맞은 단어를 <Word Box>에서 찾아 쓰세요.

서술형 대비

| Word Box | bones | shape | fossils | environment |

❶ Scientists study the _____ of dinosaurs.

❷ They put the _____ together.

❸ They make the _____ of the dinosaur.

❹ They find out its skin color and _____.

1 Scientists s_____ use big trucks or helicopters.

과학자들은 / 사용해야만 해 / 큰 트럭들 또는 헬리콥터들을

2 They _____ _____ the fossils and _____ the bones together.

그들은 / 연구해야 해 / 화석들을 / 그리고 조립해야만 해 / 뼈들을

* must + 동사
: ~해야 한다

3 Then, they _____ _____ the shape of the dinosaur.

그러고 나서, / 그들은 / 만들 수 있어 / 공룡의 모양을

* make + 목적어
: ~을 만들다

4 It usually _____ more than 3 years!

그것은 / 보통 걸려 / 3년 이상

5 They _____ _____ _____ the dinosaur's skin color.

그들은 / 때때로 알아내 / 공룡의 피부색을

* find out + 목적어
: ~을 알아내다

Check 패턴을 보고 알맞은 단어를 고르세요.

should + 동사원형 ~해야 한다

❶ Scientists should (use | using) helicopters. 과학자들은 헬리콥터들을 사용해야 해.

❷ Visitors must (have | having) a ticket to the museum.

방문자들은 박물관 티켓이 있어야 해.

Is This Tiny Piece of Corn an Egg?

이 작은 옥수수가 알이라고?

Word 단어를 익히고, 빈칸에 알맞게 써 보세요.

단어 음원

- ☐ butterfly — 나비
- ☐ lay — (알을) 낳다
- ☐ cabbage — 양배추
- ☐ small — 작은
- ☐ line — 줄, 선
- ☐ tiny — 아주 작은
- ☐ corn — 옥수수
- ☐ caterpillar — 애벌레
- ☐ come out — 나오다
- ☐ eggshell — 알 껍질

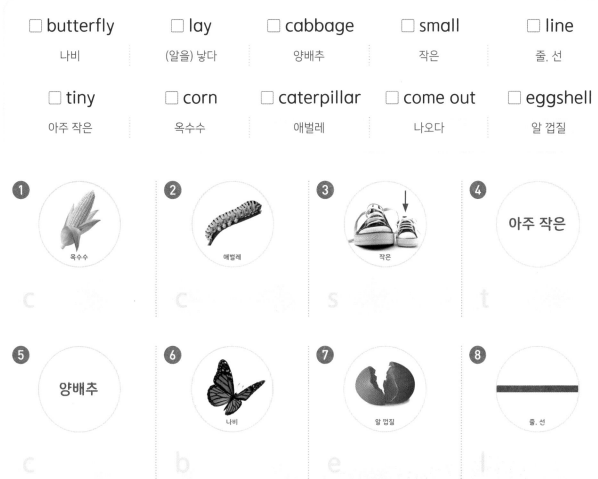

1. 옥수수 — c
2. 애벌레 — c
3. 작은 — s
4. 아주 작은 — t
5. 양배추 — c
6. 나비 — b
7. 알 껍질 — e
8. 줄, 선 — l

Sentence 알맞은 단어를 넣어 문장을 완성해 보세요.

1. 낳다

This butterfly _____s its eggs on cabbages.

이 나비는 양배추에 알을 **낳아.**

3인칭 단수주어 + 동사-s/es

2. 나오다

It _____s _____ of the egg.

그것은 알에서 **나와.**

Look at this **butterfly**.

It **lays** its eggs on **cabbages**.

So its name is the **cabbage butterfly**!

The eggs are very **small**, and they're yellow.

They have little **lines** on them.

And they look like **tiny** pieces of **corn**.

A **caterpillar comes out** of the egg.

<u>It</u> eats the **eggshell**!

Then, the **caterpillar** grows strong.

Finally, it turns into a pupa and then becomes
a **butterfly**.

egg 알
yellow 노란색인
little 작은
out of (~의 안에서) 밖으로
finally 결국
pupa 번데기

Quiz

밑줄 친 <u>It</u>이 가리키는 것은 (caterpillar | butterfly) 이다.

정답 caterpillar

Comprehension

1 글의 제목으로 알맞은 것을 고르세요.

중심 내용

① 배추흰나비는 옥수수를 좋아해!

② 배추흰나비를 본 적이 있니?

③ 배추흰나비 알은 어떻게 생겼고 어떻게 될까?

2 글의 내용과 같으면 ○, 다르면 ✕를 고르세요.

세부 내용

ⓐ 배추흰나비는 땅에 알을 낳아.　　　　　(○ | ✕)

ⓑ 배추흰나비의 알은 노란색이야.　　　　(○ | ✕)

3 빈칸에 알맞은 단어를 <Word Box>에서 찾아 쓰세요.

서술형 대비

| Word Box | butterfly　　eggshell　　tiny　　lays |

 ❶ The cabbage butterfly _____ eggs on cabbages.

❷ The eggs are _____ and have little lines on them.

 ❸ A caterpillar comes out of the egg and eats the _____.

 ❹ Finally, it turns into a pupa and becomes a _____.

Chunk 끊어 읽기를 참고하여 빈칸을 채워 보세요.

1 It |_____ its eggs on cabbages.

그것은 / 낳아 / 그것의 알들을 / 양배추에

끊어 읽는 법

1. 주어 구분하기
2. 동사와 목적어 구분하기
3. 수식어 구분하기

2 They _____ little lines on them.

그들은 / 있어 / 작은 선들이 / 거기 위에

* have + 명사
: ~을 가지다, ~이 있다

3 They look _____ tiny pieces of corn.

그들은 / 보여 / 아주 작은 옥수수 알처럼

* look like + 명사
: ~처럼 보이다

4 A caterpillar _____ _____ of the egg.

애벌레는 / 나와 / 그 알에서

* come out of
: ~에서 나오다

5 It _____ the eggshell!

그것은 / 먹어 / 알 껍질을

* eat + 목적어
: ~을 먹다

<3인칭 단수주어의 종류>
· he 그는 · it 그것은
· she 그녀는

Check 패턴을 보고 알맞은 단어를 고르세요.

3인칭 단수주어 + 동사-s/es

① A butterfly (lay | lays) its eggs on leaves. 나비는 잎사귀에 알을 낳아.

② This caterpillar (grow | grows) to be 10mm long. 이 애벌레는 10mm 길이까지 자라.

What Makes Shadows?

무엇이 그림자를 만들까?

 Word 단어를 익히고, 빈칸에 알맞게 써 보세요.

단어 음원

☐ light
빛

☐ move
움직이다

☐ straight
똑바로

☐ go through
~을 통과하다

☐ clear
투명한

☐ glass
유리

☐ sharp
뚜렷한

☐ shadow
그림자

☐ rock
바위

☐ dark
어두운

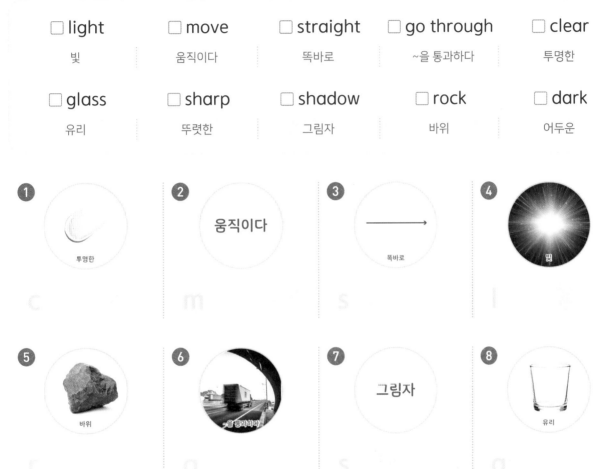

① 투명한

c

② 움직이다

m

③ 똑바로

s

④ 빛

l

⑤ 바위

r

⑥ ~을 통과하다

g

⑦ 그림자

s

⑧ 유리

g

 Sentence 알맞은 단어를 넣어 문장을 완성해 보세요.

①

There will be _____ spots
behind them.

그것들 뒤에 **어두운** 부분이 생길 거야.

will + 동사원형

②

There won't be any _____
shadows.

어떤 **뚜렷한** 그림자도 없을 거야.

will not = won't

Light moves in **straight** lines.

Light goes through clear things like **glass**.

So there won't be any **sharp shadows**.

But **light** doesn't **go through** things like **rocks**.

It bounces off them!

<u>They</u> stop the **light**.

So there will be **dark** spots behind the **rocks**.

These **dark** spots are **shadows**.

bounce off ~에서 튕겨지다
spot 장소, 자리, 곳
behind ~의 뒤에

Quiz

밑줄 친 <u>They</u>가 가리키는 것은 (things like rocks | shadows) 이다.

정답 things like rocks

Comprehension

1 글의 제목으로 알맞은 것을 고르세요.

중심 내용

① 그림자는 왜 길이가 달라질까?

② 그림자는 언제 많이 볼 수 있을까?

③ 그림자는 어떻게 생길까?

2 글의 내용과 같으면 O, 다르면 ✕를 고르세요.

세부 내용

ⓐ 빛은 직선으로 움직여.　　　　　　　　　(O │ ✕)

ⓑ 빛은 유리를 통과하지 않아.　　　　　　(O │ ✕)

3 빈칸에 알맞은 단어를 <Word Box>에서 찾아 쓰세요.

서술형
대비

Word Box　　　　clear　　　bounces　　　spots　　　shadows

The shadows are different!

glass

❶ Light goes through _____ things like glass.

→ You won't see any sharp _____.

rock

❷ Light _____ off things like rocks.

→ You will see dark _____ behind the rocks.

Chunk 끊어 읽기를 참고하여 빈칸을 채워 보세요.

끊어 읽는 법
1. **주어** 구분하기
2. **동사**와 **목적어** 구분하기
3. **수식어** 구분하기

1 T_____ _____ _____ dark spots behind the rocks.

~이 있을 거야 　　　　　　　　　/ 어두운 곳들이　/ 바위들 뒤에

* There will be
: ~이 있을 것이다

2 There _____ _____ any sharp shadows.

~이 없을 거야 　　　　　　　/ 어떤 뚜렷한 그림자들도

* There won't be
: ~이 없을 것이다

3 Light _____ go through things like rocks.

빛은　/ 통과하지 않아　　　　　　　/ 물건들을　/ 바위들과 같은

* doesn't + 동사원형
: ~하지 않다

4 It _____ off them!

그것은 / **튕겨져**　　　　/ 그것들에

* 3인칭 단수주어 + 동사-s/es

5 These dark spots _____ _____.

이 어두운 곳들이　　　　　/ 그림자들이야

Check 패턴을 보고 알맞은 단어를 고르세요.

<미래시제 부정문>
will not + 동사원형 = won't + 동사원형

will/won't + 동사원형 ~할 것이다 / ~하지 않을 것이다

❶ There (will be | will are) sharp shadows. 뚜렷한 그림자들이 있을 거야.

❷ It (won't makes | won't make) any shadows. 그것은 어떤 그림자들도 만들지 않을 거야.

Word Review

빈칸에 단어의 뜻을 써 보세요.

Unit 05

1	polar bear	
2	Arctic	
3	white	
4	nickname	
5	fur	
6	skin	
7	black	
8	nose	
9	lip	
10	foot	

Unit 06

1	dinosaur	
2	fossil	
3	heavy	
4	scientist	
5	truck	
6	helicopter	
7	study	
8	shape	
9	environment	
10	research	

Unit 07

1	butterfly	
2	lay	
3	cabbage	
4	small	
5	line	
6	tiny	
7	corn	
8	caterpillar	
9	come out	
10	eggshell	

Unit 08

1	light	
2	move	
3	straight	
4	go through	
5	clear	
6	glass	
7	sharp	
8	shadow	
9	rock	
10	dark	

▶ 정답은 p29, p33, p37, p41를 참고하세요.

PART 03 Culture & The World

A Moving House in Mongolia

몽골의 움직이는 집

 Word 단어를 익히고, 빈칸에 알맞게 써 보세요.

단어 음원

- ☐ build
  짓다
- ☐ special
  특별한
- ☐ set up
  설치하다
- ☐ weather
  날씨
- ☐ perfect
  완벽한

- ☐ man
  남자(복수형은 men)
- ☐ woman
  여자(복수형은 women)
- ☐ area
  지역, 구역
- ☐ young
  젊은, 어린
- ☐ section
  구역, 부분

1 구역, 부분

2 젊은, 어린

3 설치하다

4 특별한

s

y

s

s

5 완벽한

6 지역, 구역

7 날씨

8 짓다

p

a

w

b

 Sentence 알맞은 단어를 넣어 문장을 완성해 보세요.

1

남자들

Where do _____ sit?

남자들은 어디에 앉나요?

 복수명사에 주의하세요!

2

여자들

Here are some sections for
_____.

여기에는 여자들을 위한 구역들이 있어.

 **Story** ☐ 지문 듣기 ☐ 한 문장씩 따라 읽기 ☐ 스스로 읽기

 본문 음원

People in Mongolia often move.

So they **build** a **special** house, a ger.

They can **set up** a ger within an hour.

A ger is ideal for hot and cold **weather**.

So <u>it</u> is **perfect** as a home*.

In a ger, **men** and **women** sit in different **areas**.

The old and the **young** stay in different **sections**, too.

▶ **ger** 게르(몽골인들의 이동식 천막집)

Mongolia 몽골
often 종종, 자주
move 이동하다, 움직이다
house 집
within ~ 이내에
hour 시간
ideal 완벽한, 이상적인
home 집
different 다른
old 나이가 많은

* **house vs. home**
　house는 주택 형태의 건물을 말해요. 하지만 home은 건물뿐만 아니라 '가정', '고향'이란 의미도 있어요.

Quiz
밑줄 친 <u>it</u>이 가리키는 것은 (ger | weather) 이다.

　　　　　　　　　　　　　　　　　　　　　　　　　　　　　　　 정답 ger

Comprehension

1 글의 주제로 알맞은 것을 고르세요.

중심 내용

① 몽골의 가족들

② 몽골의 주거 형태

③ 몽골의 자연 환경

2 글의 내용과 같으면 O, 다르면 ×를 고르세요.

세부 내용

ⓐ 게르를 짓는 데는 하루 정도 걸려.　　(O | ×)

ⓑ 게르는 추위에는 약한 편이야.　　(O | ×)

3 빈칸에 알맞은 단어를 <Word Box>에서 찾아 쓰세요.

서술형
대비

| Word Box | different | weather | special | build |

❶ In Mongolia, there is a _____ house, a ger.

❷ People in Mongolia can _____ it within an hour.

❸ It is ideal in any _____ .

❹ There are some _____ seats for people.

1 People in Mongolia o_____ move.

사람들은 / 몽골에서 / 자주 이동해

끊어 읽는 법
1. 주어 구분하기
2. 동사와 목적어 구분하기
3. 수식어 구분하기

2 They _____ _____ _____ a ger within an hour.

그들은 / 설치할 수 있어 / 게르를 / 한 시간 안에

* can + 동사원형
: ~할 수 있다

3 A ger ____ _____ for hot and cold weather.

게르는 / 이상적이야 / 덥고 추운 날씨에

* be동사 + 형용사
: ~하다, ~이다

4 _____ and _____ sit in different areas.

남자들과 여자들은 / 앉아 / 다른 구역들에

5 _____ _____ and _____ _____ stay in different sections.

노인들과 젊은이들은 / 지내 / 다른 구역들에

* the + 형용사
: ~ 사람들

<불규칙 복수명사의 종류>
men, women, feet, people 등

Check 패턴을 보고 알맞은 단어를 고르세요.

단수명사+(e)s/ies, 불규칙 복수명사 ~들

1 (Boys | Boy), let's read (stories | story) about a ger.

남자애들아! 게르에 관한 이야기들을 읽어 보자.

2 Where do (child | children) stay in a ger? 아이들은 게르 안 어디에서 머물러?

A Hot Dog without a Stick?

막대 없는 핫도그?

단어 음원

Word 단어를 익히고, 빈칸에 알맞게 써 보세요.

☐ imagine 상상하다　　☐ American 미국인의, 미국의　　☐ hungry 배고픈　　☐ want 원하다　　☐ give 주다

☐ corn dog 콘도그　　☐ similar 비슷한　　☐ stick 막대기　　☐ sausage 소시지　　☐ bread 빵

1  막대기　s

2  빵　b

3  콘도그　c

4  소시지　s

5  비슷한　s

6  상상하다　i

7  주다　g

8 미국인의, 미국의　A

Sentence 알맞은 단어를 넣어 문장을 완성해 보세요.

1  배고픈

Are you _____ now?

너 지금 배고프니?

2 원하다

I'll have a hot dog. Do you _____ one, too?

난 핫도그 먹을 거야. 너도 하나 원하니?

one: 부정대명사

51

Let's **imagine**.

Your **American** friend is **hungry** now.

He **wants** a hot dog.

So you **give** one to <u>him</u>.

Then he might say, "Oh, that's not a hot dog.

It's a **corn dog**."

Korean hot dogs are **similar** to **American corn dogs**.

American hot dogs don't have a **stick**.

They are just a **sausage** or a **sausage** in some **bread**.

Let's ~하자
now 지금
then 그러면, 그렇다면
might ~일지도 모르다
say 말하다
be similar to ~과 비슷하다

Quiz

밑줄 친 <u>him</u>이 가리키는 것은 (American friend | Korean friend) 이다.

정답 American friend

Comprehension

1 글의 목적으로 알맞은 것을 고르세요.

중심 내용

① 다양한 핫도그 형태를 소개하려고

② 미국의 인기 간식에 대해 알려 주려고

③ 미국 핫도그와 한국 핫도그의 차이를 설명하려고

2 미국 'hot dog'의 모습이 <u>아닌</u> 것을 고르세요.

세부 내용

①   ②   ③

3 빈칸에 알맞은 단어를 <Word Box>에서 찾아 쓰세요.

서술형 대비

| Word Box | American | stick | similar | sausage | They |

Korean hot dogs

❶ They are _____ to American corn dogs.

❷ They have a _____.

3 _____ hot dogs

❹ They are a _____ in some bread.

❺ _____ don't have a stick.

1 He _w_____ a hot dog.

그는 / 원해 / 핫도그를

2 So you _____ _____ to him.

그래서 / 너는 / 줘 / 하나를 / 그에게

* to + 명사
: ~에게

3 He might _____, "That's not a hot dog."

그가 / 말할지 몰라 / "그것은 / 아니야 / 핫도그가"

* might + 동사원형
: ~일지도 모르다

4 Korean hot dogs _____ _____ to American corn dogs.

한국 핫도그는 / 비슷해 / 미국 콘도그와

* be similar to
: ~과 비슷하다

5 American hot dogs _____ _____ a stick.

미국 핫도그는 / 없어 / 막대가

* don't have + 명사
: ~이 없다

Check 패턴을 보고 알맞은 단어를 고르세요.

one 하나 (앞에서 언급한 명사와 같은 종류이지만 정해지지 않은 것을 가리킬 때)

❶ I'll make some hot dogs. Do you want (one | this)?

나 핫도그 좀 만들 거야. 너 하나 먹을래?

❷ This is a Korean drink, and that is an American (one | it).

이건 한국 음료수이고, 저건 미국 음료수야.

Eat Bananas! Eat Banana Flowers!
바나나 먹고! 바나나 꽃 먹고!

 단어를 익히고, 빈칸에 알맞게 써 보세요.

 단어 음원

☐ banana	☐ flower	☐ Thailand	☐ country	☐ popular
바나나	꽃	태국	나라	인기 있는

☐ Europe	☐ America	☐ England	☐ restaurant	☐ use
유럽	미국	영국	식당	사용하다, 쓰다

① 식당

② 꽃

③ 나라

④ 영국

r f c E

⑤ 미국

⑥ 인기 있는

⑦ 바나나

⑧ 사용하다, 쓰다

A p b u

 알맞은 단어를 넣어 문장을 완성해 보세요.

①

People in _____ eat
banana flowers.

태국 사람들은 바나나 꽃을 먹어.

나라 이름의 첫 글자는 항상 대문자로!

②

It is popular in _____.

그것은 유럽에서 인기가 있어.

Do you like **bananas**?

How about their **flowers**?

You can eat <u>them</u>!

This is quite common in

Thailand and other **countries** in Southeast

Asia.

Nowadays, they are also **popular** in **Europe**

and **America**.

In **England**, some **restaurants use** these

flowers instead of fish.

Do they really taste like fish?

Yes, they <u>do</u>!

quite 꽤, 아주
common 흔한, 평범한
other 다른
Southeast Asia 동남아시아
nowadays 요즘에는
instead of ~ 대신에
fish 생선
taste like ~ 같은 맛이 나다

Quiz

밑줄 친 <u>them</u>이 가리키는 것은 (bananas | banana flowers) 이다.

정답 banana flowers

✎ Comprehension

1 글의 주제로 알맞은 것을 고르세요.

중심내용

① 다양한 바나나 요리

② 먹을 수 있는 바나나 꽃

③ 바나나의 인기

2 밑줄 친 do가 의미하는 것을 고르세요.

세부내용

① 영국에서 인기가 많다.

② 생선 같은 맛이 난다.

③ 바나나 꽃 요리를 판다.

3 빈칸에 알맞은 단어를 <Word Box>에서 찾아 쓰세요.

서술형
대비

Word Box   taste   Europe   countries   restaurants

Many people eat bananas and their flowers!

❶ It is common in many _____ in Southeast Asia.

❷ People in _____ and America also like them.

❸ Some _____ in England use these flowers.

❹ They _____ like fish!

Chunk 끊어 읽기를 참고하여 빈칸을 채워 보세요.

끊어 읽는 법
1. 주어 구분하기
2. 동사와 목적어 구분하기
3. 수식어 구분하기

1 They _____ also _____ in Europe and America.

그것들은 / 또한 유명해 / 유럽과 미국에서

2 _____ you _____ bananas?

너는 / 좋아하니 / 바나나를

* Do you ~?
: 너는 ~하니?

3 How about _____ _____?

어때 / 그들의 꽃들은

* How about + 명사?
: ~은 어때?

4 This is quite common _____ _____.

이것은 / 꽤 흔해 / 태국에서

* in + 나라
: ~에서

5 Do they really _____ like fish?

그들은 / 정말 맛이 나니 / 생선 같은

* taste like + 명사
: ~ 같은 맛이 나다

Check 패턴을 보고 알맞은 단어를 고르세요.

나라 이름(고유명사) 첫 글자는 항상 대문자로 표기

1 It is a popular dessert in (France | france). 그건 프랑스에서 인기 있는 후식이야.

2 I'll go to (England | england) in 5 years. 나는 5년 후에 영국에 갈 거야.

The Belly Button of the Earth

지구의 배꼽

Word 단어를 익히고, 빈칸에 알맞게 써 보세요.

- ☐ huge
  거대한
- ☐ Australia
  호주
- ☐ belly button
  배꼽
- ☐ Earth
  지구
- ☐ heritage
  (국가·사회의) 유산

- ☐ change
  변하다
- ☐ amazing
  놀라운
- ☐ sunset
  일몰
- ☐ glowing
  빛나는
- ☐ visit
  방문하다

1
거대한
h

2
배꼽
b

3
방문하다
v

4
변하다
c

5
호주
A

6
빛나는
g

7
지구
E

8
(국가·사회의) 유산
h

Sentence 알맞은 단어를 넣어 문장을 완성해 보세요.

1
놀라운

Look at the color.
It's _____!

색 좀 봐. 놀라워!

2
일몰

It's perfect around _____.

그건 일몰쯤에 완벽해.

Uluru is a **huge** rock in **Australia**.

It is in the heart of **Australia**.

<u>Its</u> nickname is "the **belly button** of the **Earth**."

It is a UNESCO World **Heritage** Site.

It **changes** to **amazing** colors around **sunset**.

You'll see **glowing** red and orange colors.

Don't **visit** it in the summer.

It is going to be so hot then.

From March to May is perfect!

World Heritage Site
세계 유산
summer 여름
then 그때
March 3월
May 5월

Quiz

밑줄 친 <u>Its</u>가 가리키는 것은 (Uluru's | Australia's) 이다.

정답 Uluru's

Comprehension

1 글의 주제로 알맞은 것을 고르세요.
중심 내용

① 호주의 일출 명소들

② 호주의 거대한 바위

③ 호주를 방문하기 좋은 계절

2 글의 내용과 같으면 O, 다르면 ×를 고르세요.
세부 내용

ⓐ Uluru의 별명은 우주의 배꼽이야.　　　　　(　O　|　×　)

ⓑ 일몰에 Uluru는 빨갛고 주황색으로 빛나.　　(　O　|　×　)

3 빈칸에 알맞은 단어를 <Word Box>에서 찾아 쓰세요.
서술형 대비

Word Box　　　sunset　　　nickname　　　heart　　　amazing

★ Let's pack! Let's go to Uluru! ★

Australia

❶ It is in the _____ of Australia.

❷ Its _____ is "the belly button of the Earth."

❸ Don't miss its beautiful _____.

❹ You'll see _____ colors. Let's go in May!

* miss 놓치다

끊어 읽는 법
1. 주어 구분하기
2. 동사와 목적어 구분하기
3. 수식어 구분하기

1 It _____ _____ _____ be so hot then.

매우 더울 거야 / 그때는

2 _____ _____ is "the belly button of the Earth."

그것의 별명은　　　 / '지구의 배꼽'이야

* its + 명사
: 그것의 ~

3 It _____ to amazing colors around sunset.

그것은 / 변해 　 / 놀라운 색깔들로 　 / 일몰쯤에

* to + 명사
: ~으로

4 You'll see glowing _____ and _____ colors.

너는 / 볼 거야 　 / 빛나는 빨갛고 주황색의 빛깔을

5 From March to May _____ _____!

3월부터 5월까지가 　　　 / 완벽해

* from A(명사) to B(명사)
: A부터 B까지

Check 패턴을 보고 알맞은 단어를 고르세요.

이때의 it은 해석하지 않아요.

It is + 날짜/시간/요일/날씨 등 (날짜/시간/요일/날씨 등) 이야.

❶ Let's go home. (This | It) is already 8:00. 집에 가자! 벌써 8시야.

❷ (It | This) is rainy today. Take an umbrella with you. 오늘 비 와. 우산 가져가.

Word Review

빈칸에 단어의 뜻을 써 보세요.

Unit 09

1	build
2	special
3	set up
4	weather
5	perfect
6	man
7	woman
8	area
9	young
10	section

Unit 11

1	banana
2	flower
3	Thailand
4	country
5	popular
6	Europe
7	America
8	England
9	restaurant
10	use

Unit 10

1	imagine
2	American
3	hungry
4	want
5	give
6	corn dog
7	similar
8	stick
9	sausage
10	bread

Unit 12

1	huge
2	Australia
3	belly button
4	Earth
5	heritage
6	change
7	amazing
8	sunset
9	glowing
10	visit

▶ 정답은 p47, p51, p55, p59를 참고하세요.

PART 04 Life & Environment

Where Do You Live?

너는 어디에서 사니?

단어 음원

![Word] 단어를 익히고, 빈칸에 알맞게 써 보세요.

☐ live — 살다   ☐ city — 도시   ☐ village — (시골) 마을   ☐ different — 다른   ☐ factory — 공장

☐ office — 사무실   ☐ subway — 지하철   ☐ farming — 농업   ☐ fishing — 어업   ☐ tractor — 트랙터

① 지하철   ② 사무실   ③ 공장   ④ 다른

s   o   f   d

⑤ 트랙터   ⑥ 살다   ⑦ 농업   ⑧ 어업

t   l   f   f

![Sentence] 알맞은 단어를 넣어 문장을 완성해 보세요.

①

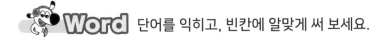

There are many people in
a _____.

도시에는 많은 사람들이 있어.

②

There aren't many buses in
a _____.

시골 마을에는 버스가 많이 없어.

Liam **lives** in a **city**. Olivia **lives** in a **village**.

What's **different**?

There are a lot of people in a **city**.

Many people work in **factories** and **offices**.

You'll see many buses and **subways**, too.

But there aren't many people in a **village**.

<u>People</u> usually work in **farming** or **fishing**.

And you can often see **tractors** and trucks around.

> often 종종, 자주
> around 주변에, 여기저기

Quiz

밑줄 친 <u>People</u>이 가리키는 것은 (People in a city | People in a village) 이다.

정답 People in a village

Comprehension

1 글의 목적으로 알맞은 것을 고르세요.

중심 내용

① 시골 생활의 장점을 알려 주려고

② 도시와 시골의 차이점을 설명하려고

③ 도시와 시골의 문제점을 파악하려고

2 글의 내용과 일치하도록 연결하세요.

세부 내용

1 Liam •

• **a** There are some tractors near my house.

2 Olivia •

• **b** I see many buses every day.

3 빈칸에 알맞은 단어를 <Word Box>에서 찾아 쓰세요.

서술형 대비

Word Box   tractors   offices   farming   subways

city

1 People work in factories and _____.

2 There are many buses and _____.

village

3 People work in _____ or fishing.

4 You'll often see _____ and trucks.

끊어 읽는 법
1. **주어 구분하기**
2. **동사와 목적어 구분하기**
3. **수식어 구분하기**

1 T_____ _____ a lot of people in a city.

있어 　　　　　　　 / 많은 사람들이 　　　 / 도시에

2 Liam _____ in a city.

리암은 / **살아** 　　 / 도시에

* in + 장소
: ~에(서)

3 Many people _____ in factories and offices.

많은 사람들은 　　 / **일해** 　　 / 공장들과 사무실들에서

4 _____ _____ many people in a village.

없어 　　　　　　　 / 많은 사람들이 　　 / 시골 마을에

* many + 셀 수 있는 명사
: 많은 ~

5 People _____ _____ in farming or fishing.

사람들은 　 / **보통 일해** 　　　　　 / 농업이나 어업에서

<부정문>
There isn't + a(n) + 단수명사 / There aren't + 복수명사
: ~이 없다

Check 패턴을 보고 알맞은 단어를 고르세요.

There is + a(n) + 단수명사 / **There are** + 복수명사 ~이 있다

❶ There (is | are) a bus stop in front of my house. 우리 집 앞에 버스 정류장이 있어.

❷ There (isn't | aren't) any subway stations near my house.

우리 집 근처에는 지하철역이 하나도 없어.

What's Happening on the Earth?

지구에는 무슨 일이 일어나고 있니?

Word 단어를 익히고, 빈칸에 알맞게 써 보세요.

단어 음원

☐ device
장치

☐ collect
모으다

☐ information
정보

☐ land
땅, 육지

☐ ocean
대양, 바다

☐ ice
얼음

☐ warm
따뜻한

☐ life
삶, 생활(복수형은 lives)

☐ dry
건조한

☐ event
사건, 일

1

2

3 사건, 일

4

l

c

e

d

5 따뜻한

6

7

8

w

o

d

i

Sentence 알맞은 단어를 넣어 문장을 완성해 보세요.

1

Why is Antarctic _____ melting?

남극의 **얼음**은 왜 녹고 있을까?

2

The _____ is getting drier.

땅이 점점 건조해지고 있어.

Scientists are studying the Earth.

They use satellites and other **devices**.

They **collect information** about the Earth's **land**, **oceans**, and **ice**.

With this **information**, they're telling us something!

The Earth is getting **warmer**!

It will change our **lives**.

It'll be so hot and **dry**.

Or there'll be too much rain.

Dangerous weather **events** will happen more often.

Earth 지구
satellite 위성
warmer 더 따뜻한
too much 너무 많은
weather 날씨
happen 일어나다, 발생하다

Quiz

밑줄 친 They가 가리키는 것은 (the Earth | scientists) 이다.

정답 scientists

Comprehension

1 글의 목적으로 알맞은 것을 고르세요.

중심 내용

① 지구 온난화의 원인을 파악하려고

② 기후 변화 문제를 알리려고

③ 위성의 다양한 역할을 소개하려고

2 밑줄 친 something이 가리키는 내용을 고르세요.

세부 내용

① 농지가 줄어들고 있다.

② 지구의 온도가 올라가고 있다.

③ 가뭄 지역이 줄고 있다.

3 빈칸에 알맞은 단어를 <Word Box>에서 찾아 쓰세요.

서술형 대비

Word Box weather dry warmer oceans

❷ "The Earth is getting

_____."

❸ "It'll be so hot and

_____."

❶ Scientists are studying the Earth's land, _____,

and ice. And they say,

"We'll see rainy days for

a long time."

❹ "There'll be more dangerous

_____ events."

1 Scientists a_____ _____ the Earth.

과학자들은 / 연구하고 있어 / 지구를

2 They _____ _____ about the Earth's land, oceans, and ice.

그들은 / 정보를 모아 / 지구의 땅, 바다들, 그리고 얼음에 대해

3 The Earth _____ _____ warmer!

지구는 / 점점 더 더워지고 있어

* get + 형용사 비교급
: 점점 더 ~해지다

4 It _____ _____ our lives.

그것은 / 바꿀 거야 / 우리의 삶을

* will + 동사원형
: ~할 것이다

5 _____ _____ too much rain.

있을 거야 / 너무 많은 비가

* There will be = There'll be
: ~이 있을 것이다

Check 패턴을 보고 알맞은 단어를 고르세요.

> **am/are/is + 동사원형ing** ~하는 중이다. ~하고 있다

① I am (read | reading) a book about NASA. 난 NASA에 대한 책을 읽는 중이야.

② The researchers (is | are) studying global warming.

연구원들은 지구 온난화를 연구하고 있어.

The Short-Form Videos Trap!

숏폼 비디오의 덫!

Word 단어를 익히고, 빈칸에 알맞게 써 보세요.

☐ short	☐ video	☐ easily	☐ catch	☐ attention
짧은	영상, 비디오	쉽게	잡다, 붙잡다	주목, 관심

☐ kid	☐ watch	☐ bored	☐ read	☐ text
아이	보다	지루한	읽다	글, 문서

1 아이
k

2 주목, 관심
a

3 지루한
b

4 ↓ 짧은
s

5 글, 문서
t

6 영상, 비디오
v

7 잡다, 붙잡다
c

8 쉽게
e

Sentence 알맞은 단어를 넣어 문장을 완성해 보세요.

1

보다

You can _____ this video for 20 minutes.

너는 이 영상을 20분 동안 볼 수 있어.

2

읽다

Young kids can't _____ long texts well.

어린아이들은 긴 글들을 잘 못 읽어.

Short-form **videos** are very **short**.

They're usually 5 seconds to 1.5 minutes long.

<u>They</u> can **easily catch** your **attention**. **(a)**

Young **kids** especially like **short videos**. **(b)**

They can't **watch** long **videos** well. **(c)**

They will feel **bored**.

And they can't **read**

long **texts** as well.

So don't **watch**

short-form **videos** too often!

second 초
minute 분
long 길이[거리]가 ~인
especially 특히
as well 또한, 역시
often 종종, 자주

Quiz

밑줄 친 <u>They</u>가 가리키는 것은 (short-form videos | young kids) 이다.

정답 short-form videos

Comprehension

1 글쓴이의 주장으로 알맞은 것을 고르세요.

중심 내용

① 숏폼 비디오를 만들어 보자

② 숏폼 비디오 시청을 자제하자

③ 숏폼 비디오를 배워 보자

2 다음 문장이 들어갈 위치로 알맞은 곳을 고르세요.

세부 내용

> But there's a problem.

① (a)   ② (b)   ③ (c)

3 빈칸에 알맞은 단어를 <Word Box>에서 찾아 쓰세요.

서술형 대비

Word Box   texts   videos   attention   bored

WARNING

❶ Many people enjoy watching short-form _____.

But be careful!

❷ You can't watch long videos well. You'll feel _____.

❸ You can't read long _____ as well. They won't

keep your _____.

❹ Please stay away from those videos!

Chunk 끊어 읽기를 참고하여 빈칸을 채워 보세요.

1 They c_____ easily catch your attention.
그것들은 / 쉽게 사로잡을 수 있어 / 너의 관심을

2 Young kids especially _____ short videos.
어린아이들이 / 특히 좋아해 / 짧은 영상들을

* like + 목적어
: ~을 좋아하다

3 But there's _____ _____.
그러나 / 있어 / 문제가

* there's ~
: ~이 있다

4 You _____ _____ long videos well.
너는 / 볼 수 없어 / 긴 영상들을 / 잘

* can't + 동사원형
: ~할 수 없다

5 You _____ _____ long texts as well.
너는 / 읽을 수 없어 / 긴 글들을 / 또한

<부정문>
cannot + 동사원형 = can't + 동사원형
: ~할 수 없다

Check 패턴을 보고 알맞은 단어를 고르세요.

can + 동사원형 ~할 수 있다

1 You (can watch | watch can) a 2-hour-long movie.
넌 두 시간짜리 영화를 볼 수 있어.

2 She can't (read | reading) long stories well. 그녀는 긴 이야기를 잘 읽을 수 없어.

Cool Clothes, Uncool for the Earth!

멋진 옷, 지구에는 안 좋아!

단어 음원

Word 단어를 익히고, 빈칸에 알맞게 써 보세요.

☐ show	☐ famous	☐ copy	☐ clothes	☐ wear
쇼, 공연	유명한	복사하다, 따라하다	옷, 의복	입다

☐ throw away	☐ hurt	☐ waste	☐ look after	☐ planet
버리다	아프게 하다	낭비하다	~을 돌보다	행성, 세상

1 아프게 하다
h

2 ~을 돌보다
l

3 유명한
f

4 쇼, 공연
s

5 입다
w

6 행성, 세상
p

7 버리다
t

8 낭비하다
w

Sentence 알맞은 단어를 넣어 문장을 완성해 보세요.

1
옷, 의복

These new _____ are my sister's.

이 새 옷은 우리 언니 거야.

2
복사하다, 따라하다

Young kids _____ this style lately.

최근에 어린아이들이 이 스타일을 따라 해.

Do you know about fast fashion*?

People see new styles from fashion **shows** or **famous** people.

They **copy** these new styles.

The **clothes** look very cool.

But <u>they</u> don't last long.

People **wear** them _____.

Then, they **throw** the **clothes away**!

This **hurts** the Earth.

It **wastes** cloth and hard work.

Let's **look after** our **planet**!

fast 빠른
fashion 패션, 유행
cool 멋진
last 지속되다
cloth 옷감, 천
hard work 노력

* **fast fashion이란 뭘까?**
패스트 패션은 최신 트렌드를 즉각 반영하여 빠르게 제작·유통시키는 의류를 말해요. 이는 환경오염의 원인으로 비난받기도 해요.

Quiz

밑줄 친 <u>they</u>가 가리키는 것은 (the clothes | people) 이다.

정답 the clothes

Comprehension

1 글쓴이의 주장으로 알맞은 것을 고르세요.

중심내용

① 각자 개성을 나타내는 옷을 찾아봐!

② 유행에 따라 옷을 자주 살 필요는 없어!

③ 더 이상 안 입는 옷들은 기부하자!

2 빈칸에 들어갈 알맞은 단어를 고르세요.

세부내용

① very often

② a few times

③ every day

3 빈칸에 알맞은 단어를 <Word Box>에서 찾아 쓰세요.

서술형
대비

| Word Box | wear | hurt | copy | clothes |

What is fast fashion?

❶ People try out new styles from fashion shows. Or they

_____ famous people. The _____ look cool.

❷ But people don't _____ them for very long, and they

throw them away quickly.

❸ Let's not _____ the Earth. Let's look after our planet!

1 They copy t_____ new styles.

그들은 / 따라 해 / 이 새로운 스타일을

끊어 읽는 법
1. 주어 구분하기
2. 동사와 목적어 구분하기
3. 수식어 구분하기

2 People _____ _____ _____ from fashion shows.

사람들은 / 봐 / 새로운 스타일을 / 패션쇼로부터

* see + 목적어
: ~을 보다

3 The clothes _____ _____ _____.

옷은 / 아주 멋져 보여

* look + 형용사
: ~하게 보이다

4 But they _____ _____ _____.

하지만 / 그것들은 / 지속되지 않아 / 오래

* last + 시간
: ~ 동안 지속되다

5 People _____ _____ a few times.

사람들은 / 입어 / 그것들을 / 가끔

* wear + 목적어
: ~을 입다

<주의>
단독으로 쓰인 this[these]는
'이것[이것들]'이란 뜻의 지시대명사

Check 패턴을 보고 알맞은 단어를 고르세요.

this + 단수명사 / these + 복수명사   이 (명사) / 이 (명사)들

❶ Will you buy (this | these) shirt again? 너 이 셔츠 또 살 거야?

❷ I really like (these | this) clothes. 난 이 옷들이 정말 마음에 들어.

Word Review

빈칸에 단어의 뜻을 써 보세요.

Unit 13

1	live	
2	city	
3	village	
4	different	
5	factory	
6	office	
7	subway	
8	farming	
9	fishing	
10	tractor	

Unit 15

1	short	
2	video	
3	easily	
4	catch	
5	attention	
6	kid	
7	watch	
8	bored	
9	read	
10	text	

Unit 14

1	device	
2	collect	
3	information	
4	land	
5	ocean	
6	ice	
7	warm	
8	life	
9	dry	
10	event	

Unit 16

1	show	
2	famous	
3	copy	
4	clothes	
5	wear	
6	throw away	
7	hurt	
8	waste	
9	look after	
10	planet	

▶ 정답은 p65, p69, p73, p77를 참고하세요.

MEMO

바빠 초등

영어 리딩 1

받아쓰기 연습

① QR코드로 받아쓰기 음원을 듣고 빈칸에 단어를 채워 보세요.
② 정답을 확인한 후, 틀린 부분만 집중해서 다시 들어 보면 최고!

내가 틀린 문제를 스스로 확인하는 습관을 들이면, 아무리 바쁘더라도 공부 실력을 키울 수 있어요!

Is Chocolate Dangerous?

본문 음원

＊들려주는 문장을 잘 듣고, 빈칸에 알맞은 단어를 써 보세요.

What is your _____ _____?

Many people love chocolate.

It is _____ and _____.

And it is good for people's hearts.

But be _____!

Sadly, it is _____ for dogs.

They can throw up or have _____ _____.

Chocolate is like _____ to dogs.

▶ 정답은 p12에서 확인하세요.

The Secrets to Growing Tall

본문 음원

*들려주는 문장을 잘 듣고, 빈칸에 알맞은 단어를 써 보세요.

Let me tell you the secrets to growing tall.

First, _____ well. Eat egg _____ and fish.

They have a lot of calcium and protein.

Second, have good _____.

Play outside and get some _____.

Your bones will become _____.

Third, do some exercise.

_____ _____ _____ are great exercises.

_____! There is one more thing.

Get some good sleep!

▶ 정답은 p16에서 확인하세요.

Laughter Is the Best Doctor!

*들려주는 문장을 잘 듣고, 빈칸에 알맞은 단어를 써 보세요.

Do you _____ a lot?

Kids laugh about 400 times a day.

But _____ _____ only about 8 _____ a day.

_____ is good for your body.

Your heart gets strong.

Laughing is also good for your _____.

You _____ _____.

So everybody, laugh _____ _____ _____.

It doesn't _____ _____!

▶ 정답은 p20에서 확인하세요.

Babies Have More Bones!

*들려주는 문장을 잘 듣고, 빈칸에 알맞은 단어를 써 보세요.

Do babies and adults have the _____ _____ of bones?

Babies have about 800 bones.

But they do not have them _____.

Some small bones _____ _____.

So _____ usually have 206 bones.

Boys' bones don't usually grow after the _____ of 18.

Girls' bones usually _____ about a _____ or two _____.

▶ 정답은 p24에서 확인하세요.

＊들려주는 문장을 잘 듣고, 빈칸에 알맞은 단어를 써 보세요.

_____ _____ live in the _____.

They are big and _____.

And they have a _____: white bears.

But their _____ isn't really _____!

It looks _____ because of the _____.

Then what about their _____?

It is actually _____!

There is no _____ on their _____, _____,
and the _____ of their _____.

So they are _____!

▶ 정답은 p30에서 확인하세요.

Dinosaurs' Journey to the Museum

본문 음원

*들려주는 문장을 잘 듣고, 빈칸에 알맞은 단어를 써 보세요.

_____ _____ are very big and _____.

So _____ should use big _____ or

_____.

They must _____ the _____ and put the

bones together.

Then, they can make the _____ of the

_____.

It usually takes more than 3 years!

_____ sometimes find out the _____

skin color and its _____.

This _____ takes extra time.

▶ 정답은 p34에서 확인하세요.

Is This Tiny Piece of Corn an Egg?

본문 음원

＊들려주는 문장을 잘 듣고, 빈칸에 알맞은 단어를 써 보세요.

Look at this _____.

It _____ its eggs on _____.

So its name is the _____ butterfly!

The eggs are very _____, and they're yellow.

They have little _____ on them.

And they look like _____ pieces of _____.

A _____ _____ _____ of the egg.

It eats the _____!

Then, the _____ grows strong.

Finally, it turns into a pupa and then becomes a butterfly.

▶ 정답은 p38에서 확인하세요.

*들려주는 문장을 잘 듣고, 빈칸에 알맞은 단어를 써 보세요.

_____ _____ in _____ lines.

_____ ____ _____ _____ things like

_____.

So there won't be any _____ _____.

But _____ doesn't go through things like

_____.

It bounces off them!

They stop the _____.

So there will be _____ spots behind the rocks.

These _____ spots are _____.

▶ 정답은 p42에서 확인하세요.

A Moving House in Mongolia

본문 음원

＊들려주는 문장을 잘 듣고, 빈칸에 알맞은 단어를 써 보세요.

People in Mongolia often move.

So they _____ a _____ house, a ger.

They can _____ ____ a ger within an hour.

A ger is ideal for hot and cold _____.

So it is _____ as a home.

In a ger, _____ _____ _____ sit in

different _____.

The old and the _____ stay in different

_____, too.

▶ 정답은 p48에서 확인하세요.

A Hot Dog Without a Stick?

본문 음원

*들려주는 문장을 잘 듣고, 빈칸에 알맞은 단어를 써 보세요.

Let's _____.

Your _____ friend is _____ now.

He _____ a hot dog.

So you _____ one to _____.

Then he might say, "Oh, that's not a hot dog. It's a _____ _____."

Korean hot dogs are _____ to American _____ _____.

_____ hot dogs don't have a _____.

They are just a _____ or a _____ in some _____.

▶ 정답은 p52에서 확인하세요.

Eat Bananas! Eat Banana Flowers!

*들려주는 문장을 잘 듣고, 빈칸에 알맞은 단어를 써 보세요.

Do you like _____?

How about their _____?

You can eat them!

This is quite common in _____ and other _____ in Southeast Asia.

Nowadays, they are also _____ in Europe and _____.

In _____, some _____ _____ these flowers instead of fish.

Do they really taste like fish?

Yes, they do!

▶ 정답은 p56에서 확인하세요.

94

The Belly Button of the Earth

본문 음원

＊들려주는 문장을 잘 듣고, 빈칸에 알맞은 단어를 써 보세요.

Uluru is a _____ rock in _____.

It is in the heart of _____.

Its nickname is "the _____ _____ of the
_____."

It is a UNESCO World _____ Site.

It changes to _____ colors around
_____.

You'll see _____ red and orange colors.

Don't _____ it in the summer.

It is going to be so hot then.

From March to May is perfect!

▶ 정답은 p60에서 확인하세요.

Where Do You Live?

본문 음원

* 들려주는 문장을 잘 듣고, 빈칸에 알맞은 단어를 써 보세요.

Liam _____ in a _____. Olivia _____ in a _____.

What's _____?

There are a lot of people in a _____.

Many people work in _____ _____ _____ .

You'll see many buses and _____, too.

But there aren't many people in a _____.

People usually work in _____ or _____.

And you can often see _____ and trucks around.

▶ 정답은 p66에서 확인하세요.

What's Happening on the Earth?

본문 음원

＊들려주는 문장을 잘 듣고, 빈칸에 알맞은 단어를 써 보세요.

Scientists are studying the Earth.

They use satellites and other _____.

They _____ _____ about the Earth's

_____, _____, and _____.

With this _____, they're telling us something!

The Earth is getting _____!

It will change our _____.

It'll be so hot and _____.

Or there'll be too much rain.

Dangerous weather _____ will happen more often.

▶ 정답은 p70에서 확인하세요.

The Short-Form Videos Trap!

*들려주는 문장을 잘 듣고, 빈칸에 알맞은 단어를 써 보세요.

Short-form _____ are very _____.

They're usually 5 seconds to 1.5 minutes long.

They can easily _____ your _____.

Young _____ especially like short _____.

They can't _____ long _____ well.

They will feel _____.

And they can't _____ long _____ as well.

So don't _____ short-form _____ too often!

▶ 정답은 p74에서 확인하세요.

Cool Clothes, Uncool for the Earth!

*들려주는 문장을 잘 듣고, 빈칸에 알맞은 단어를 써 보세요.

Do you know about fast fashion?

People see new styles from fashion _____ or _____ people.

They _____ these new styles.

The _____ look very cool.

But they don't last long.

People _____ them _____ _____ _____.

Then, they _____ the _____ _____!

This _____ the Earth.

It _____ cloth and hard work.

Let's _____ _____ our _____!

▶ 정답은 p78에서 확인하세요.

MEMO

바빠 초등

영어 리딩 1

정답 및 해석

① 정답을 확인한 후 틀린 문제는 ★표를 쳐 놓으세요.

② 틀린 문제는 다시 한 번 풀어 보세요.

내가 틀린 문제를 스스로 확인하는 습관을 들이면, 아무리 바쁘더라도 공부 실력을 키울 수 있어요!

Is Chocolate Dangerous?

| Word | ▶11쪽 | ❶ stomach | ❷ careful | ❸ poison | ❹ snack |
| | | ❺ throw up | ❻ favorite | ❼ pain | ❽ sweet |

| Sentence | ▶11쪽 | ❶ is dangerous | ❷ is tasty |

| Comprehension | ▶13쪽 | 1 ③   2 ⓐ ○ ⓑ ✕   3 ❶ sweet ❷ for ❸ dangerous ❹ pain |

Chunk	▶14쪽	1 is sweet, tasty	2 love
		3 is good	4 is dangerous
		5 throw up, have	

| Check | ▶14쪽 | ❶ good | ❷ bad |

🐾 Story 문장 해석

What is your favorite snack?
네가 가장 좋아하는 간식은 뭐야?

Many people love chocolate.
사람들은 초콜릿을 정말 좋아해.

It is sweet and tasty.
그건 달콤하고 맛있지.

And it is good for people's hearts.
그리고 그건 사람들의 심장에도 좋아.

But be careful!
그런데 조심해!

Sadly, it is dangerous for dogs.
슬프지만, 그건 개들에게는 위험해.

They can throw up or have stomach pain.
그들(개들)은 토를 하거나 배가 아플 수도 있어.

Chocolate is like poison to dogs.
초콜릿은 개들에게는 독과 같아.

The Secrets to Growing Tall

Word	▶15쪽	❶ sunlight	❷ yolk	❸ habit	❹ jogging
		❺ swimming	❻ exercise	❼ strong	❽ grow

Sentence	▶15쪽	❶ Eat	❷ Wait

Comprehension ▶17쪽 1 ① 2 ② 3 ❶ Eat ❷ habits ❸ exercise ❹ sleep

Chunk ▶18쪽
1 eat
3 Play, sunlight
5 Third

2 Second
4 become

Check ▶18쪽 ❶ Do ❷ Have

Story 문장 해석

Let me tell you the secrets to growing tall.
키 클 수 있는 비법을 너에게 말할게.

First, eat well. Eat egg yolks and fish.
첫째, 잘 먹어라. 계란 노른자와 생선을 먹어라.

They have a lot of calcium and protein.
그것들(계란 노른자와 생선)은 칼슘과 단백질을 많이 함유하고 있어.

Second, have good habits. Play outside and get some sunlight.
둘째, 좋은 습관들을 가져라. 밖에서 놀고 햇빛을 좀 쬐라.

Your bones will become strong.
네 뼈는 튼튼해질 거야.

Third, do some exercise. Swimming and jogging are great exercises.
셋째, 운동을 좀 해라. 수영과 조깅이 아주 좋은 운동이지.

Wait! There is one more thing.
잠깐! 한 가지 더 있어.

Get some good sleep!
푹 자라!

Laughter Is the Best Doctor!

Word	▶19쪽	① time ② mind ③ happy ④ body ⑤ adult ⑥ more ⑦ anything ⑧ cost

Sentence	▶19쪽	① feel ② laugh

Comprehension	▶21쪽	1 ② 2 ⓐ ✕ ⓑ ✕ 3 ① laugh, adults ② Laughing, mind

Chunk	▶22쪽	1 laugh 2 laugh 3 is good 4 strong 5 Laughing

Check	▶22쪽	① Do ② Does

Story 문장 해석

Do you laugh a lot?
너는 많이 웃니?

Kids laugh about 400 times a day.
아이들은 하루에 400번 정도 웃는대.

But adults laugh only about 8 times a day.
그런데 어른들은 하루에 8번 정도만 웃는대.

Laughing is good for your body.
웃음은 네 몸에 좋아.

Your heart gets strong.
너의 심장은 튼튼해지지.

Laughing is also good for your mind.
웃음은 또 네 마음에도 좋아.

You feel happy.
너는 행복한 기분이 들지.

So everybody, laugh more and more.
그래서 모두, 더 많이 많이 웃자.

It doesn't cost anything!
그것(웃음)은 아무런 비용도 들지 않아!

Babies Have More Bones!

Word	▶23쪽	❶ year	❷ together	❸ number	❹ age
		❺ join	❻ same	❼ earlier	❽ stop

Sentence	▶23쪽	❶ Grown-ups	❷ bones

Comprehension	▶25쪽	1 ③　2 ⓐ ✕ ⓑ ✕　3 ❶ grown-ups, same ❸ join ❺ grow

Chunk	▶26쪽	**1** have	**2** usually
		3 do not have	**4** don't, grow
		5 usually stop	

Check	▶26쪽	❶ usually wakes up	❷ usually goes

🐶 Story 문장 해석

Do babies and adults have the same number of bones?
아기들과 어른들은 같은 수의 뼈를 가지고 있을까?

Babies have about 800 bones.
아기들은 약 800개의 뼈가 있어.

But they do not have them forever.
그들(아기들)은 절대 그것들(800개의 뼈)을 영원히 가지고 있지는 않아.

Some small bones join together.
몇몇 작은 뼈들은 합쳐지게 돼.

So grown-ups usually have 206 bones.
그래서 어른들은 보통 206개의 뼈를 가지게 돼.

Boys' bones don't usually grow after the age of 18.
남자아이의 뼈는 보통 18살 이후에는 자라지 않아.

Girls' bones usually stop about a year or two earlier.
여자아이의 뼈는 보통 약 1년 또는 2년 더 일찍 멈춰.

Is It Not a White Bear?

| Word | ▶29쪽 | ❶ fur | ❷ foot | ❸ polar bear | ❹ black |
| | | ❺ nickname | ❻ lip | ❼ Arctic | ❽ white |

| Sentence | ▶29쪽 | ❶ its nose | ❷ His skin |

| Comprehension | ▶31쪽 | 1 ③ | 2 ② | 3 ❶ fur ❷ sunlight ❸ feet ❹ black |

Chunk	▶32쪽	1 live	2 have
		3 isn't, white	4 looks white
		5 their	

| Check | ▶32쪽 | ❶ Its | ❷ Their |

🐶 Story 문장 해석

Polar bears live in the Arctic.
북극곰은 북극에서 살아.

They are big and white.
그들은 크고 하얘.

And they have a nickname: white bears.
그리고 그들은 흰곰이라는 별명을 가지고 있어.

But their fur isn't really white!
그러나 그들의 털은 정말 하얗지 않아!

It looks white because of the sunlight.
이것(털)은 햇빛 때문에 하얗게 보여.

Then what about their skin? It is actually black!
그럼 그들(북극곰)의 피부는 어떨까? 그것은 사실은 검은색이야!

There is no fur on their nose, lips, and the bottoms of their feet.
그들(북극곰)의 코, 입술 그리고 그들의 발바닥에는 털이 없어.

So they are black!
그래서 그것들(코, 입술, 발바닥)은 검은색이야!

Dinosaurs' Journey to the Museum

Word ▶33쪽　① dinosaur　② scientist　③ helicopter　④ environment
　　　　　　　⑤ research　⑥ fossil　⑦ truck　⑧ heavy

Sentence ▶33쪽　① study　② shape

Comprehension ▶35쪽　1 ③　2 ⓐ ○ ⓑ ✕　3 ① fossils ② bones ③ shape ④ environment

Chunk ▶36쪽
1 should
2 must study, put
3 can make
4 takes
5 sometimes find out

Check ▶36쪽　① use　② have

Story 문장 해석

Dinosaur fossils are very big and heavy.
공룡 화석은 아주 크고 무거워.

So scientists should use big trucks or helicopters.
그래서 과학자들은 큰 트럭이나 헬리콥터를 사용해야만 해.

They must study the fossils and put the bones together.
그들은 화석을 연구해야만 해 그리고 그 뼈를 조립해야만 해.

Then, they can make the shape of the dinosaur.
그런 다음, 그들은 공룡의 모양을 만들 수가 있어.

It usually takes more than 3 years!
그건 보통 3년 이상 걸려.

Scientists sometimes find out the dinosaur's skin color and its environment.
과학자들은 공룡의 피부색과 환경을 때때로 알아내.

This research takes extra time.
이 연구는 추가 시간이 더 걸려.

Is This Tiny Piece of Corn an Egg?

Word	▶37쪽	① corn	② caterpillar	③ small	④ tiny
		⑤ cabbage	⑥ butterfly	⑦ eggshell	⑧ line

Sentence	▶37쪽	① lays	② comes out

Comprehension	▶39쪽	1 ③ 2 ⓐ ✕ ⓑ ○ 3 ① lays ② tiny ③ eggshell ④ butterfly

Chunk	▶40쪽	1 lays	2 have
		3 like	4 comes out
		5 eats	

Check	▶40쪽	① lays	② grows

Story 문장 해석

Look at this butterfly.
이 나비를 봐.

It lays its eggs on cabbages.
그것(나비)은 양배추 위에 알들을 낳아.

So its name is the cabbage butterfly!
그래서 그의 이름은 배추흰나비야!

The eggs are very small, and they're yellow.
이 알들은 아주 작아, 그리고 그들(이 알들)은 노란색이야.

They have little lines on them.
그들(이 알들)은 그것들 안에 작은 선들이 있어.

And they look like tiny pieces of corn.
그리고 그들(이 알들)은 아주 작은 옥수수 알 같아.

A caterpillar comes out of the egg.
애벌레는 그 알에서 나와.

It eats the eggshell!
그것(애벌레)은 알 껍질을 먹어!

Then, the caterpillar grows strong.
그런 다음, 그 애벌레는 튼튼하게 자라.

Finally, it turns into a pupa and then becomes a butterfly.
결국, 그것(애벌레)은 번데기가 된 다음 나비가 돼.

What Makes Shadows?

Word	▶41쪽	❶ clear	❷ move	❸ straight	❹ light
		❺ rock	❻ go through	❼ shadow	❽ glass

Sentence ▶41쪽 ❶ dark ❷ sharp

Comprehension ▶43쪽 1 ③ 2 ⓐ ○ ⓑ ✕ 3 ❶ clear, shadows ❷ bounces, spots

Chunk	▶44쪽	**1** There will be	**2** won't be
		3 doesn't	**4** bounces
		5 are shadows	

Check ▶44쪽 ❶ will be ❷ won't make

🐶 Story 문장 해석

Light moves in straight lines.
빛은 직선으로 움직여.

Light goes through clear things like glass.
빛은 유리 같은 투명한 물건들을 통과해.

So there won't be any sharp shadows.
그래서 어떤 뚜렷한 그림자도 없을 거야.

But light doesn't go through things like rocks.
그러나 빛은 바위들과 같은 물건들을 통과하지 않아.

It bounces off them!
그것(빛)은 그것들(바위)에 튕겨져!

They stop the light.
그것들(바위)은 빛을 멈춰.

So there will be dark spots behind the rocks.
그래서 바위들 뒤에 어두운 곳들이 있을 거야.

These dark spots are shadows.
이 어두운 곳들이 그림자들이야.

A Moving House in Mongolia

Word	▶47쪽	① section ② young ③ set up ④ special ⑤ perfect ⑥ area ⑦ weather ⑧ build

Sentence	▶47쪽	① men ② women

Comprehension	▶49쪽	1 ② 2 ⓐ × ⓑ × 3 ① special ② build ③ weather ④ different

Chunk	▶50쪽	1 often 2 can set up 3 is ideal 4 Men, women 5 The old, the young

Check	▶50쪽	① Boys, stories ② children

Story 문장 해석

People in Mongolia often move.
몽골에서 사람들은 자주 이동해.

So they build a special house, a ger.
그래서 그들은 게르라는 특별한 집을 지어.

They can set up a ger within an hour.
그들은 한 시간 안에 게르를 설치할 수 있어.

A ger is ideal for hot and cold weather.
게르는 덥고 추운 날씨에 이상적이야.

So it is perfect as a home.
그래서 그것(게르)은 집으로 완벽해.

In a ger, men and women sit in different areas.
게르에서, 남자들과 여자들은 다른 구역들에 앉아.

The old and the young stay in different sections, too.
또한 노인들과 젊은이들은 다른 구역에서 지내.

A Hot Dog without a Stick?

Word	▶51쪽	❶ stick	❷ bread	❸ corn dog	❹ sausage
		❺ similar	❻ imagine	❼ give	❽ American

Sentence ▶51쪽 ❶ hungry ❷ want

Comprehension ▶53쪽 1 ③ 2 ③ 3 ❶ similar ❷ stick ❸ American ❹ sausage ❺ They

Chunk ▶54쪽
1 wants
3 say
5 don't have
2 give one
4 are similar

Check ▶54쪽 ❶ one ❷ one

🐶 Story 문장 해석

Let's imagine.
상상해 보자.

Your American friend is hungry now.
너의 미국 친구는 지금 배가 고파.

He wants a hot dog.
그는 핫도그를 원해.

So you give one to him.
그래서 너는 그에게 하나를 줘.

Then he might say, "Oh, that's not a hot dog. It's a corn dog."
그러면 그는 말할지도 몰라, "오, 그건 핫도그가 아니야. 그것은 콘도그야."

Korean hot dogs are similar to American corn dogs.
한국의 핫도그는 미국의 콘도그와 비슷해.

American hot dogs don't have a stick.
미국의 핫도그는 막대가 없어.

They are just a sausage or a sausage in some bread.
그것들(미국의 핫도그)은 단순히 소시지 또는 빵 속에 소시지야.

Eat Bananas! Eat Banana Flowers!

| Word | ▶55쪽 | ❶ restaurant | ❷ flower | ❸ country | ❹ England |
| | | ❺ America | ❻ popular | ❼ banana | ❽ use |

| Sentence | ▶55쪽 | ❶ Thailand | ❷ Europe |

| Comprehension | ▶57쪽 | 1 ② 2 ② 3 ❶ countries ❷ Europe ❸ restaurants ❹ taste |

Chunk	▶58쪽	1 are, popular	2 Do, like
		3 their flowers	4 in Thailand
		5 taste	

| Check | ▶58쪽 | ❶ France | ❷ England |

Story 문장 해석

Do you like bananas?
너는 바나나를 좋아하니?

How about their flowers?
그들(바나나)의 꽃은 어때?

You can eat them!
너는 그것들(바나나 꽃)을 먹을 수 있어!

This is quite common in Thailand and other countries in Southeast Asia.
이것은 태국과 동남아시아의 다른 나라에서 꽤 흔해.

Nowadays, they are also popular in Europe and America.
요즘, 이것들(바나나 꽃)은 또한 유럽과 미국에서도 인기 있어.

In England, some restaurants use these flowers instead of fish.
영국에서, 어떤 식당들은 생선 대신 이 꽃들을 사용해.

Do they really taste like fish?
그것들(바나나 꽃)은 진짜 생선 맛이 날까?

Yes, they do!
응, 그럼!

The Belly Button of the Earth

Word ▶59쪽

1 huge　2 belly button　3 visit　4 change
5 Australia　6 glowing　7 Earth　8 heritage

Sentence ▶59쪽　1 amazing　2 sunset

Comprehension ▶61쪽　1 ②　2 ⓐ ✕ ⓑ ○　3 1 heart　2 nickname　3 sunset　4 amazing

Chunk ▶62쪽

1 is going to
3 changes
5 is perfect

2 Its nickname
4 red, orange

Check ▶62쪽　1 It　2 It

🐶 Story 문장 해석

Uluru is a huge rock in Australia.
Uluru는 호주에 거대한 바위야.

It is in the heart of Australia.
그것(Uluru)은 호주의 심장이야.

Its nickname is "the belly button of the Earth."
그것(Uluru)의 별명은 '지구의 배꼽'이야.

It is a UNESCO World Heritage Site.
그것(Uluru)은 유네스코 세계 유산이야.

It changes to amazing colors around sunset.
그것(Uluru)은 일몰쯤에 놀라운 색깔들로 변해.

You'll see glowing red and orange colors.
너는 빛나는 빨갛고 주황색의 빛깔을 볼 거야.

Don't visit it in the summer.
여름에는 방문하지 마.

It is going to be so hot then.
그때는 매우 더울 거야.

From March to May is perfect!
3월부터 5월까지가 완벽해!

Where Do You Live?

| Word | ▶65쪽 | ① subway | ② office | ③ factory | ④ different |
| | | ⑤ tractor | ⑥ live | ⑦ farming | ⑧ fishing |

| Sentence | ▶65쪽 | ① city | ② village |

| Comprehension | ▶67쪽 | 1 ②   2 ①-ⓑ, ②-ⓐ |
| | | 3 ① offices ② subways ③ farming ④ tractors |

Chunk	▶68쪽	1 There are	2 lives
		3 work	4 There aren't
		5 usually work	

| Check | ▶68쪽 | ① is | ② aren't |

Story 문장 해석

Liam lives in a city. Olivia lives in a village.
리암은 도시에 살아. 올리비아는 (시골) 마을에 살아.

What's different?
무엇이 다를까?

There are a lot of people in a city.
도시에는 많은 사람들이 있어.

Many peope work in factories and offices.
많은 사람들은 공장들과 사무실들에서 일해.

You'll see many buses and subways, too.
너는 또한 많은 버스와 지하철을 볼 거야.

But there aren't many people in a village.
반면 (시골) 마을에는 많은 사람들이 없어.

People usually work in farming or fishing.
사람들은 보통 농업이나 어업에서 일해.

And you can often see tractors and trucks around.
그리고 너는 주변에 트랙터와 트럭을 종종 볼 수 있어.

What's Happening on the Earth?

Word	▶69쪽	❶ life	❷ collect	❸ event	❹ dry	
		❺ warm	❻ ocean	❼ device	❽ information	

Sentence ▶69쪽 ❶ ice ❷ land

Comprehension ▶71쪽 1 ② 2 ② 3 ❶ oceans ❷ warmer ❸ dry ❹ weather

Chunk ▶72쪽
1 are studying 2 collect information
3 is getting 4 will change
5 There'll be

Check ▶72쪽 ❶ reading ❷ are

🐶 Story 문장 해석

Scientists are studying the Earth.
과학자들은 지구를 연구하고 있어.

They use satellites and other devices.
그들은 위성과 다른 장치들을 사용해.

They collect information about the Earth's land, oceans, and ice.
그들은 지구의 땅, 바다들 그리고 얼음에 대해 정보를 모아.

With this information, they're telling us something!
이 정보로, 그들은 우리에게 어떤 것을 말해 주고 있어!

The Earth is getting warmer!
지구는 점점 더 더워지고 있어!

It will change our lives.
그것은 우리의 삶을 바꿀 거야.

It'll be so hot and dry.
아주 덥고 건조해질 거야.

Or there'll be too much rain.
또는 너무 많은 비가 올 거야.

Dangerous weather events will happen more often.
위험한 날씨 사건은 더 자주 일어날 것이야.

The Short-Form Videos Trap!

Word	▶73쪽	❶ kid	❷ attention	❸ bored	❹ short
		❺ text	❻ video	❼ catch	❽ easily

Sentence	▶73쪽	❶ watch	❷ read		

Comprehension	▶75쪽	1 ②	2 ②	3 ❶ videos ❷ bored ❸ texts, attention

Chunk	▶76쪽	1 can	2 like
		3 a problem	4 can't watch
		5 can't read	

Check	▶76쪽	❶ can watch	❷ read

🐶 Story 문장 해석

Short-form videos are very short.
숏폼 비디오는 아주 짧아.

They're usually 5 seconds to 1.5 minutes long.
그것들(숏폼 비디오)은 보통 5초에서 1.5분 길이야.

They can easily catch your attention.
그것들(숏폼 비디오)은 너의 관심을 쉽게 사로잡을 수 있어.

Young kids especially like short videos.
어린아이들이 특히 짧은 영상들을 좋아해.

But there's a problem.
그러나 문제가 있어.

They can't watch long videos well.
그들(어린아이들)은 긴 영상들을 잘 볼 수 없어.

They will feel bored.
그들(어린아이들)은 지루함도 느낄 거야.

And they can't read long texts as well.
그리고 그들(어린아이들)은 긴 글도 또한 읽을 수 없어.

So don't watch short-form videos too often!
그래서 숏폼 비디오를 너무 자주 보지 마!

Cool Clothes, Uncool for the Earth!

Word	▶77쪽	❶ hurt	❷ look after	❸ famous	❹ show
		❺ waer	❻ plant	❼ throw away	❽ waste

Sentence ▶77쪽 ❶ clothes ❷ copy

Comprehension ▶79쪽 1 ② 2 ② 3 ❶ copy, clothes ❷ wear ❸ hurt

Chunk ▶80쪽
1 these
2 see new styles
3 look very cool
4 don't last long
5 wear them

Check ▶80쪽 ❶ this ❷ these

Story 문장 해석

Do you know fast fashion?
너는 패스트 패션을 아니?

People see new styles from fashion shows or famous people.
사람들은 패션쇼나 유명인으로부터 새로운 스타일을 봐.

They copy these new styles.
그들(사람들)은 이런 새로운 스타일을 따라 해.

The clothes look very cool.
이 옷들은 아주 멋져 보여.

But they don't last long.
그러나 그것들(옷들)은 오래 지속되지 않아.

People wear them a few times.
사람들은 그것들(옷들)을 가끔 입어.

Then, they throw the clothes away!
그다음, 그들은 옷들을 버려!

This hurts the Earth.
이것은 지구를 아프게 해.

It wastes cloth and hard work.
그것은 천과 노력을 낭비해.

Let's look after our planet!
우리의 지구를 돌보자!

1 품사

단어는 성격에 따라 총 8가지 종류로 나뉘어요! 어떤 역할들을 하는지 하나씩 살펴보세요.

명사
사람, 사물, 동물 등의 이름을 나타내는 말
예 stomach, yolk, baby, bone 등

대명사
명사를 대신해서 쓰는 말로, 한 문장에서 같은 단어가 반복되는 것을 피할 수 있어요.
예 I, you, he, she 등

동사
사람이나 사물의 동작, 상태를 나타내는 말
예 love, have, grow, eat 등

형용사
사람이나 사물의 상태나 성질이 어떠한지 서술하거나 꾸며 주는 말
예 sweet, tasty, dangerous 등

부사
동사, 형용사, 또는 다른 부사나 문장 전체를 꾸며 주는 말
예 well, fast, early, sadly 등

전치사
명사나 대명사 앞에 놓여 다른 명사나 대명사와 관계(장소나 시간)를 나타내는 말
예 for, in, at, on, after, about 등

접속사
두 단어나 문장을 이어 주는 말
예 and, but, or, so 등

감탄사
감탄하는 느낌을 나타내는 말
예 Wow!, Aha!, Oops! 등

헷갈렸던 용어들은 다시 읽어 보세요!

② 문장 성분

문장을 만들려면 단어를 규칙에 따라 배열해야 해요. 아무렇게 단어를 나열하면 문장이라고 할 수 없어요.
가장 기본적인 문장 성분인 '주어'와 '서술어(동사)'부터 차근차근 5가지 문장 성분을 익혀 보세요.
우리말과 다르게 영어는 동사가 주어 바로 뒤에 오니까 그 순서에 주의해 주세요!

주어	'누가', '누구'에 해당하는 동작이나 상태의 주체가 되는 말 예 <u>Many people</u> love chocolate. 　　많은 사람들이

서술어	'~한다', '~이다'에 해당하는 주어의 동작이나 상태를 나타내는 말 예 Many people <u>love</u> chocolate. 　　　　　　　　사랑한다

목적어	'무엇을'에 해당하는 동사의 동작 대상을 나타내는 말 예 Many people love <u>chocolate</u>. 　　　　　　　　　　　초콜릿을

보어	주어나 목적어를 보충하여 설명하는 말 예 <u>Many people</u> are <u>busy</u>. 　　많은 사람들 ◀┈┈┈┈┈ 바쁜

수식어	꾸며 주는 역할을 하는 말로 생략 가능한 말 예 Many people are busy <u>(in the morning)</u>. 　　　　　　　　　　　　　　아침에

> 문장 성분으로 끊어 읽기를 하면 훨씬 더 잘 읽을 수 있어요!
> 리딩 지문을 읽으면서 시도해 보세요!

연필 잡고 쓰다 보면 기초 영문법이 끝난다

EBS 영어 연구소 이정선 지음

바빠 초등 영문법 1

5·6학년용

바빠 초등 영문법 5·6학년용 1~3권 | 각 권 13,000원

★ 초등 영문법 총정리
중학 기초 문법까지 더했다!

★ 핵심 비법은 비교 문장
외우지 않고 느끼며 배운다!

★ 문법이 쌓이는 누적식 설계
나도 모르게 저절로 복습된다!

★★★
문법이 쌓이는 누적식 학습 설계

연필 잡고 쓰다 보면 기초 영문법이 끝난다!

원어민 음원도 있어요!

이 책의 Bonus!

'시험에는 이렇게 나온다'
문법 TEST PDF 제공

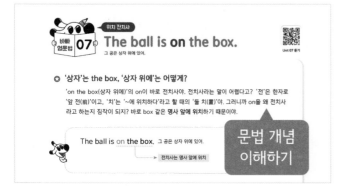
문법 개념 이해하기

문장 비교로 문법 감각 깨우기

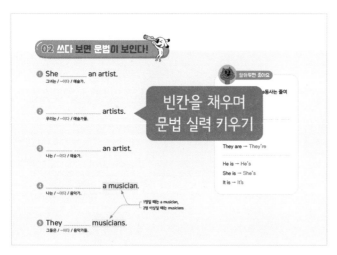
빈칸을 채우며 문법 실력 키우기

문장이 써지면 이 영문법은 OK!

아들이 하고 싶은 문법 교재라며 고른 첫 번째 책! 문법 공부를 스스로 하고 있어요! – 학부모의 찬사